這樣講－

富有的100句話

BECOME WEALTHY FROM 100 SENTENCES

典馥眉 著

開創 富有人生
掌握 成功契機

做個不需要吃抗憂鬱藥物的富人

　　一個有錢的人，不一定擁有快樂，也不一定是個富有的人。

　　一個富有的人，卻一定擁有快樂，大部分也是個有錢的人。

　　在這本書中，將和大家分享一些看起來很可怕、但其實真的沒那麼可怕的生活小議題，只要輕鬆掌握，人生中的負擔就會少一點，幸福的甜蜜時刻就會多出很多、很多。這些我們每天都可能面臨的生活小議題，其實總是不斷重複發生著……

　　例如：失敗。不必因為失敗，而感到丟臉。

　　會失敗，代表我們曾經很用力的努力過，所以才會導致失敗，一個有過失敗的人生，絕對比一個一生平安順遂的人生，來得更加璀璨耀眼！

　　例如：改變。改變，勢必帶來一些挑戰、一些混亂。但改變，也勢必帶來一些新氣象、一些新希望。

　　例如：發現商機。觀察力跟好奇心，是一對好朋友。觀察力幫助我們觀察到「關鍵問題」，在商業

行為裡，這就叫「發現商機」。接下來，好奇心就會帶領我們去找出最棒的解答，成為創業致富的重要地基。

天底下，沒有真正理所當然的事，只有逐漸僵化的感官知覺。孩子們的好奇心是最旺盛的，因為那些純粹的心，尚未經歷過生活的折磨與固化，所以問題不斷，所以最真，也最美。

例如：珍惜。天底下永遠沒有「最好的」，只有「不懂珍惜」的人。我們的眼睛是往外看的，所以往往看見別人的好，卻看不見自己所擁有的也不差，這就是所謂的「身在福中，不知福」。

例如：創造財富的態度。擁有大筆遺產，可以盡情揮霍。擁有正確態度，可以創造財富。只是態度要如何透過學習來得到？

例如：一個決定，讓我們多付出好幾百萬的代價。但我們有住意到這件事嗎？

後來，Miya成功買到喜歡的房子，坪數相同，但總價足足多了一百萬，再加上這五年來的房租，這樣

前言

一來一往，整整多付出快兩百萬的錢，經過細細分析後，Miya到現在還十分心疼那兩百萬……

輕輕掌握書中100個關鍵概念，讓世界開始在我們掌心中慢慢轉動起來！

最後，祝福每一位拿起這本書的人，都能擁有自己想要的工作以及生活型態，也謝謝你們拿起這本書。

最後的最後，感謝媽咪、金城妹子、黃律師、曾小姐、徐老師、葳、琦、毅、彬、娟、志、張先生、出版社每一位重要的同仁們，以及許多提供訊息與動人故事的朋友們。謝謝你們出現在馥眉生命裡。謝謝你們！

Contents 目錄

Foreword 前言　　002

「成功人士之所以為 成功人士」的核心秘訣　009

不要先感到害怕 ⋯⋯⋯⋯⋯⋯⋯⋯⋯⋯⋯ 010

這樣做，我們會越來越幸運！⋯⋯⋯⋯ 012

讓「抽象願望」變成「具體成果」！⋯⋯⋯ 016

用「計劃」取代「希望」⋯⋯⋯⋯⋯⋯⋯ 020

先吃蛋糕上的草莓 ⋯⋯⋯⋯⋯⋯⋯⋯⋯ 024

別管路在哪，走對的方向就會有路 ⋯⋯⋯ 027

優先為自己工作 ⋯⋯⋯⋯⋯⋯⋯⋯⋯⋯ 030

成功的起點 ⋯⋯⋯⋯⋯⋯⋯⋯⋯⋯⋯⋯ 032

主動改變，擁抱樂觀 ⋯⋯⋯⋯⋯⋯⋯⋯ 035

喬丹，讓人徹底失望的26次 ⋯⋯⋯⋯⋯ 041

包容中，讓我們擁有更多 ⋯⋯⋯⋯⋯⋯ 043

這才是人生最快樂的事 ⋯⋯⋯⋯⋯⋯⋯ 045

這不是叛逆，而是自我掌控 ⋯⋯⋯⋯⋯ 048

彩色態度 ⋯⋯⋯⋯⋯⋯⋯⋯⋯⋯⋯⋯⋯ 052

Contents

Chapter 2 「問題」常常存在我們心裡，而非客觀環境 055

為什麼他不願賺更多？ ⋯⋯⋯⋯⋯⋯⋯⋯⋯⋯056

「不幸」把我趕進「幸福」的城堡 ⋯⋯⋯⋯059

不「勤練」，比無法「獨立思考」更糟 ⋯⋯⋯062

再多試一次 ⋯⋯⋯⋯⋯⋯⋯⋯⋯⋯⋯⋯⋯⋯065

成為自己的情緒偵探 ⋯⋯⋯⋯⋯⋯⋯⋯⋯⋯068

努力不會白費，不是成功，就是轉化成內力 ⋯⋯071

忍的前進後退 ⋯⋯⋯⋯⋯⋯⋯⋯⋯⋯⋯⋯⋯074

沒有一個肯跟他去 ⋯⋯⋯⋯⋯⋯⋯⋯⋯⋯⋯077

其實這不是套圈圈遊戲 ⋯⋯⋯⋯⋯⋯⋯⋯⋯080

幸福的版本，不是每個人都一樣 ⋯⋯⋯⋯⋯084

「放棄」，有時是為了「大步前進」 ⋯⋯⋯⋯088

玩樂天堂 ⋯⋯⋯⋯⋯⋯⋯⋯⋯⋯⋯⋯⋯⋯⋯091

哪管得了重不重的問題！ ⋯⋯⋯⋯⋯⋯⋯⋯094

拿了一手「爛牌」，不代表不會有「好人生」⋯⋯097

真正的窮人與真正的富人 ⋯⋯⋯⋯⋯⋯⋯⋯100

這不只是一張考了40多次的駕照 ⋯⋯⋯⋯⋯103

誰才是真正的人生藝術家？ ⋯⋯⋯⋯⋯⋯⋯107

目錄

選擇是糖，也是毒⋯⋯⋯⋯⋯110

不是每個問題都有「答案」，而且答案常常會「遲到」⋯⋯113

堆起高高的失敗，成功就在觸手可及的地方　117

用200分功力，穩拿100分⋯⋯⋯⋯⋯118

合理規劃，等於節省⋯⋯⋯⋯⋯120

智和愚是虛線關係⋯⋯⋯⋯⋯124

別急著吃蛋⋯⋯⋯⋯⋯126

虛榮，是幸福袋上的破洞⋯⋯⋯⋯⋯129

最大的貧窮，是無知⋯⋯⋯⋯⋯132

把目光從腳指移向正前方⋯⋯⋯⋯⋯136

誰說不需要「想太多」⋯⋯⋯⋯⋯138

別讓拖延，拖垮整個人生⋯⋯⋯⋯⋯141

「沒做」比「做錯」更令人後悔⋯⋯⋯⋯⋯144

享受，為幸福之本⋯⋯⋯⋯⋯145

全世界最好的遺產⋯⋯⋯⋯⋯147

勤勞，是打開好運寶箱的鑰匙⋯⋯⋯⋯⋯150

學會羨慕自己⋯⋯⋯⋯⋯154

太多理所當然，是一種警訊⋯⋯⋯⋯⋯156

諸葛亮的天才學⋯⋯⋯⋯⋯158

Contents

勇者，都在「勇往直前」的道路上 ··············· 160

善用時間，脫離困境 ······························· 164

「無人能與他爭鋒」的老子 ······················· 166

以為得到了，卻不知道其實一直在超額付出　171

不要複製人 ······································· 172

手裡緊握的，往往不是最重要的 ·············· 175

不要「撞包」，不要「撞人」 ··················· 179

比起愛情，友情果然文明多了 ·············· 182

真友誼的必要條件 ······························· 184

古人交友不敗三準則 ··························· 186

習慣失敗時，成功及將到來 ··················· 188

原創性始於精與誠 ······························· 190

天底下沒有一種東西叫失敗 ··················· 192

從容的客氣 ······································· 194

每件事都有它的意義 ··························· 196

Chapter 1

「成功人士之所以為成功人士」的核心秘訣

天底下有一種我們可以掌控的幸運，那就是——**努力不懈**。

不要先感到害怕

不要剛開始看起來似乎很困難，就先感到害怕

體操選手／奧加・柯布蒂

　　在克服「困難」前，我們第一件要做的事，就是──克服「自己內心的恐懼」。

　　最困難的事情，往往不是出自於「現實狀況」，而是來自於「我們對這件事的想像」。

當我們面對一件全新的事情或挑戰時，總會覺得事情似乎很龐大、很棘手，彷彿我們永遠也弄不懂其中奧妙。

這是很正常的現象。人們會對未知事情，抱持一定的恐懼與害怕，是每個人遇到全新事物時的第一反應，**重點在於「接下來的反應」。**

有的人會永遠陷在第一反應裡，讓恐懼主宰，永遠無法跨出那一步，勇敢迎向挑戰。有另外一種人，會選擇擁抱恐懼，把這股力量轉化成勇氣，把看似困難的事情變成一種躍躍欲試的全新挑戰，並在一次又一次的失敗中，不斷重新站起來，努力不懈拼命嘗試，直到成功為止。

在運動員的世界裡，總流傳著許多傳奇故事與不斷被刷新的記錄，當有運動員刷新過往記錄時，便會被世人驚為天人，但我們都知道，這個新的紀錄，是現在的奇蹟，而往後還會出現更多的奇蹟與新記錄。

運動員們不會因為記錄看起來像座難以超越的大山，便放棄努力，相反的，他們往往會以此為目標，不斷激勵自己，勇往直前！**「困難」存在的目的，不是為了讓我們卻步不前，而是為了讓我們把它視為挑戰，突破它、征服它，直到最後超越它！**

這樣做，
我們會越來越幸運！

> 好運，是努力的附加福利，流的汗水愈多，你就會愈幸運。
>
> 體操選手／奧加‧柯布蒂

　　大家都說「曉均是個幸運的人」，每次曉珺聽到這句話，總會滿肚子困惑，心裡不斷冒出問號：自己怎麼會是幸運的人呢？

　　從小，曉均在單親家庭中長大，身邊親戚們都盡量不相往來，高中時靠自己打工賺錢付學費，還差點休學無法考大學，後來專心念了幾個月的書，順利考上私立大學。

　　上了大學，曉均照樣天天努力上課、打工，還加入服務性社團，積極與家扶中心互相合作，為單親家庭的小朋友課輔、辦活動，生活過得極為忙碌又充實，常常回到家時，已

經是晚上12點，就連假日也盡量排滿打工。在如此忙碌的
生活裡，曉均依然每天努力抽出一點時間，從事自己最愛的
活動──寫小說。

　　每當曉均寫好一本小說，她就會寄給出版社，這個習
慣，從她高中時，就已經開始出現，那時候有些出版社不收
電子稿，她就必須想辦法列印出來，然後掛號郵寄出去。

　　直到後來全面E化，曉均才能通通以E-mail的方式寄稿
子。剛開始時，稿子常常被退回，曉均每收到一封退稿信，
心情總會跌到谷底好幾天，慢慢的，她自己轉化心境，把退
稿信看成「能讓自己稿子越來越好的建議信」，而不是否定
信。

　　生活依然忙碌，曉均也總是努力擠出時間寫點東西，還
是會收到退稿信，但她的心情已經慢慢不受信件影響，默默
持續寫作著。

　　直到有一天，曉均終於過稿，能夠出書了！可惜好事多
磨，過稿後，曉均後來又陸陸續續過了幾本稿子，卻始終沒
能看見自己的小說印刷成書。

　　等了又等，直到一年後，才看見自己人生中的第一本
書，當她雙手捧起書本時，內心的激動可以想像。

從此之後，曉均還是天天寫小說，從原本有正職工作的上班族逐漸轉為專職作家，一直到現在為止，她還是人人口中「曉均是個幸運的人」這句話的主角。

現在曉均收入不錯，每天睡到自然醒，做著自己喜歡的工作，時間全由自己掌控，每天過得愜意又充實。曉均也許真是個幸運的人……

但在她榮獲幸運頭銜之前，如果沒有每天擠出一點時間寫作，而且不斷持續承受收到退稿信的打擊，這個幸運永遠不會降臨在她身上。

幸運，可能是老天爺給的，例如：中樂透。不過，這種幸運有時候是機率問題，並不是我們能夠掌控的。**但天底下還有一種我們可以掌控的幸運，那就是──努力不懈。**

當別人口中又飄出某某某很幸運時，其實說不定她只是很努力、很努力不斷持續做著某件事情而已。

人們眼中的幸運，有時候其實是那個默默的人，很努力過後的成果結晶！

快樂的秘訣就是：千萬不
要讓你的精力停止轉動。
　　　　　——畢卡索

讓「抽象願望」
變成「具體成果」！

> 設定目標，是讓「抽象願望」成為「具體成果」的第一步。堅持自己的目標，但在方法上需要保持一定程度的彈性。
>
> 成功教練／安東尼‧羅賓

「希望明年可以買到喜歡的房子。」這是跨年願望。

「希望可以盡快存到人生第一桶金。」這是第一個生日願望。

「希望身體健康。」這是第二個生日願望。

「希望老闆可以幫我加薪。」這是第三個生日願望。

　　每一年，總會出現幾個可以好好許願的時刻，舉凡生日、跨年，或者是過年換新筆記本時，在上頭洋洋灑灑寫上超過五項以上的「願望清單」。願望，是抽象的，有時候甚至看起來有點遙不可及。

　　例如：買到喜歡的房子、存到人生第一桶金、健康、加薪。但有一個方法，可以**把「抽象願望」轉化成「具體計劃」**，中間的關鍵樞紐就是──設定出「具體的目標」。

　　為什麼目標一定要夠具體？如果目標不夠具體，基本上就會跟願望一樣，看起來很美好，可是卻很遙遠。怎麼把以上幾個願望，轉化為具體目標呢？

　　有以下幾種方式，可供參考。

　　「希望明年可以買到喜歡的房子。」
　　具體目標A：一年內，我要看超過50間房子。有努力看，才有希望遇見自己夢寐以求的房子。
　　具體目標B：抓出自己喜歡房型的價格，大概落在什麼區間，努力存下頭期款，早日把自己喜歡的房子買到手。

　　「希望可以盡快存到人生第一桶金。」
　　具體目標A：目前存款有十萬塊，距離一百萬還有九十

萬的努力空間，今年我要存下十萬，讓存款數字變成二十萬。

具體目標B：一年存下十萬，平均每個月要存下八千五百元。這是我每月的努力目標！

「希望身體健康。」

具體目標A：一定要強迫自己每天運動三十分鐘，慢跑或仰臥起坐都可以。

具體目標B：開始自己煮東西吃，要努力戒掉油炸物跟加工食品。

「希望老闆可以幫我加薪。」

具體目標A：工作積極表現，努力達成每月業績目標。

具體目標B：如果靠老闆幫忙加薪太過天方夜譚，就開始找一些專業相關的外包案來做，或者請朋友幫忙介紹案源，自己給自己加薪。

「堅持自己的目標，但在方法上需要保持一定程度的彈性。」要達成一個目標，可以使用許多方法來完成。

所謂的「彈性」，是指如果發現更好的方式，能夠幫助我們盡早達成目標，就可以捨棄原先的方式，改用更聰明的方式來達成目標。

　　或者，有時候A方式無法讓我們順利達成目標，例如：
老闆可以幫我加薪。這件事的掌控權主要在老闆身上，而不
是我們手中，我們很難確定努力工作跟加薪這兩件事，是否
可以劃上等號？

　　那麼就可以採用B方式，讓這件事的主控權，重新回到
我們手中。我們想要加薪，如果靠老闆太慢也太不可能，那
就由我們自己來幫自己加薪吧！

　　自己幫自己加薪的方式有很多種，有的人喜歡靠參加比
賽獲得獎金，有的人偏好接外包案來做，有的人乾脆利用自
己在平面設計領域的人脈，直接跟廠商接洽，接案賺錢。

　　「加薪的方法」有很多，靠人脈、兼職、接案、
副業都可以幫自己再賺一筆收入，但「目標始終如
一」，只有一個：增加每月薪水收入！

用「計劃」取代「希望」

> 「希望一件事情」與「計劃一件事情」，兩者消耗的氣力是相同的。
>
> 美國前第一夫人／埃莉諾・羅斯福

Gina心裡一直有個願望，希望可以在35歲以前，買到自己喜歡的房子，房子不用大，不用富麗堂皇，但一定要自己喜歡。

每一年生日，這是她吹熄蛋糕上蠟燭的最後一個願望，從18歲開始，她就一直默默許下這個願望，直到她大畢業，開始工作，每月有固定收入，這個願望依然在她心中。

　　Frederica心裡也有個願望，希望可以在35歲以前，買到自己喜歡的房子，房子不用大，不用富麗堂皇，但一定要自己喜歡。

　　每一年生日，這是她吹熄蛋糕上蠟燭的第一個願望，許多朋友跟家人都知道這是Frederica最大的願望，如果有朋友或親戚要買房、看房，約Frederica一同前往，她一定會加入看房行列。

　　Frederica也從18歲開始，就一直默默許下這個願望，直到她大畢業，開始工作，每個月有固定收入進帳時，這個願望不僅存在在她心中，還出現在她的記事本裡。

　　根據Frederica陪朋友跟親戚看房的經驗，知道自己最適合挑高樓層的套房，一樓有個小客廳、廚房、有浴缸的浴室，二樓則是她的房間。心裡對於自己想要的房子藍圖越來越清晰，也打聽好房價跟應該準備多少頭期款。

　　大學畢業、出社會工作多年後，Gina跟Frederica在34歲時，來到同一間房子看屋，看完房子後，Gina很喜歡這間房子，但不確定它是不是自己最想要的。

　　Frederica看完這間房子，立刻知道這是自己想要的，馬上出手購買，因為早就調查好房價，也存好頭期款，所以

幫自己談到合理的價格，也沒有因為拿不出頭期款而錯失買房良機。

在吹熄35歲蛋糕上的蠟燭時，Gina還是在最後一個願望裡，許下買房的心願，努力祈禱能夠早日買到屬於自己的小房子。但同一時間，Frederica已經坐在屬於自己的可愛房子裡，許下第一個生日願望。

這一次，願望不是買到自己喜歡的房子，而是——希望今年能夠到維也納旅行兩個星期。

「希望」是抽象的、美好的、輕盈的，而「計劃」是具體的、有壓力的、感覺比較困難的。

先前曾經提過幾句話：「當我們面對一件全新的事情或挑戰時，總會覺得事情似乎很龐大、很棘手，彷彿我們永遠也弄不懂其中奧妙。」

Gina讓願望永遠只是願望，但Frederica不同。

Frederica拆解願望，把感覺起來似乎很龐大、很棘手的買房這件事，分成幾個小任務，例如：找出自己喜歡的房子類型、存頭期款……等等，一一克服，最終完成自己每年的生日願望。

一個心繫多年的「希望」，是糾結的、拖泥帶水
的、讓人感到挫敗的。

一個已經完成的「計劃」，是享受的、有成就感
的、能增加自我信心。

先吃蛋糕上的草莓

> 在人生、戰地及其它任何事情上，只有當我們確認好「最重要的目標」是什麼，並讓所有計劃都為此目標讓步時，才會成功。
>
> 美國第34任總統／德懷特・艾森豪

當A與B互相牴觸時，我們應該選擇A，還是B？我們想存頭期款買房子，可是又想要每星期都去吃一次昂貴的餐廳，我們應該選擇努力存錢，還是滿足口腹之慾？

我們想要追求成為歌手的夢想，但又想捧著一份鐵飯碗工作，過著穩當的日子，我們應該選擇勇敢追夢，還是安穩過人生？

　　以上，每一個問號背後，似乎都是一個兩難問題。這個兩難問題，像個天秤，左右搖擺不定，選擇努力存錢後，我們忍不住會想自問：「我們的人生為什麼要過得這麼苦，即時行樂才是生命的真諦啊！」

　　但，如果選擇義無反顧追求生命真諦，有時心頭又會浮現淡淡的一層罪惡感，尤其在每月繳交房租時，總忍不住會想：「如果我已經買到房子，這筆錢就不會白白送給房東，而是繳給銀行，也許二十年後，我再也不需要每月固定給房東或銀行三分之一的薪水，因為我已經擁有自己的房子。」

　　「追求夢想」，還是「擁抱鐵飯碗」？

　　這個問號，更是許多人一輩子都在思考的人生難題。這些問號，真的如此令人糾結，或者只要我們自己先想清楚後，選擇A還是B，其實一點也沒什麼好猶豫的？

　　當法律與憲法互相牴觸時，我們應該選擇遵守法律，還是憲法？答案很簡單：憲法。

　　為什麼？理由很簡單，因為憲法比法律高階，也就是憲法是一個國家中最重要的努力目標，任何法律或規章與憲法相違背時，都應以憲法為遵守的最高準則。治理一個國家的規則如此，我們的人生其實也存有相同的道理。

如果我們下定決心，認為「購買一間屬於自己的房子」是最重要的目標，那麼就會在滿足基本生活的條件下，積極存錢，想盡辦法以最快速度達成目標。如果原本就是月光族，不揮舞手中大刀砍掉某些花費，又哪來的錢可以存下來呢？

　　「每個星期都去吃一次昂貴的餐廳」這件事，不是不能做，而是稍微先讓步一下，必須等我們存到房子頭期款後，再開始做這件事，否則「存到房子頭期款」這件事，很可能會變成遙遙無期的一個夢想，甚至最後流於個人幻想。

　　國家有許多面向，我們的人生也是，陷入難以抉擇的問號裡，是很正常的現象，也正因為如此，於是有人選擇A，有人則選擇B。每一個選擇A，或者選擇B的理由各不相同，於是產生了許多很不一樣的人生。也許有人會想問，我們的人生不是法律跟憲法那麼硬梆梆，為什麼不能兩個都選，兩個都要？

　　人生可以很彈性，可惜的是，我們往往能力有限、時間也有限，如果想要同時進行，並不是不行，只是分散火力的情況下，常常導致以下幾種狀況：可能兩個目標都延後完成，或者兩個目標都沒有達成，兩年後、五年後，甚至是十年後，我們還在同樣一道兩難題目裡，左右搖擺不定……

別管路在哪，
走對的方向就會有路

不要太過在意必須怎麼做，才能順利達成目標？把這
個問題，留給比你更偉大的力量。你只需知道一件
事，自己正要往哪個方向走，答案會在適當時機點上
自動現身。

演說家／厄爾・南丁格爾

　　小麻雀是個很可愛的小女生，從小就很愛畫畫，就讀大
學時，沒有意外選擇了她的最愛──美術系，一心一意朝自
己想要做個「插畫家」的道路一步、一步慢慢走。

　　大學畢業後，不少同學努力加入教職行列，但小麻雀沒
有，她選擇在淡水租下一間簡單的小房子，每天過著悠緩的
日子，畫著她最喜歡的繪畫，然後放上網路與人分享。

其他同學有人停止了畫畫，把全副心力投身於老師的新身份裡，有時候這些同學會說，他們也想繼續畫畫，可是現實生活也很殘酷，他們需要一份薪水過生活，不得不暫時先放棄畫畫。

也有另外一群同學，他們開了畫展，找來一大群人捧場，可是看畫的人多，買畫的人卻很少，收入甚至差點無法跟開畫展的費用打平。

有人轉戰其他跑道，有人努力振翅飛翔，卻只是加速自己興起放棄的念頭。

當這些事情在小麻雀身邊不斷發生時，她一個人，靜靜的，畫著自己想畫的畫，把畫放上網路，持續與人分享。

小麻雀很清楚自己想要做個「插畫家」，可是她其實並不知道該怎麼做，才能達成這個目標。不過，有一件事她心裡非常確定，那就是——必須不間斷地畫、畫、畫。

日子一天、一天過去，漸漸的，有出版社找上門，邀請小麻雀幫忙繪製書籍封面，然後進階到書籍內的多幅插畫。

最後，有出版社邀請小麻雀參與繪本中的畫畫創作。接到這個案子時，小麻雀簡直興奮極了。

這是她一直以來最大的夢想，沒想到居然真的成真了！

小麻雀終於出了屬於自己的繪本創作，**關於未來，她**
還不知道自己會變得如何？也不知道自己會走到什麼
地方？

但她心裡始終很清楚一點，自己會一直朝插畫家的
方向走過去，至於會遇到哪些事、跟哪些人合作？

這個答案，時間會慢慢告訴她。現在，小麻雀依然
每天開開心心畫自己的創作，對未來充滿大無限的期
待！

優先為自己工作

> 如果每天先從E-mail收件匣裡開始工作,那麼你是優先為他人工作。
>
> 美國國防部長／唐納德・倫斯斐

　　一天工作的開始,有人先從昨天未完的部分,繼續往下接著做。

　　例如:作家們在工作前,先瀏覽過故事大綱一次,再從昨天歇筆的地方,開始往下接著寫;畫家昨天打完底稿,今天要正式上色;雕刻家看著未完成的作品,靜下心來感受,然後拿起工具,繼續敲敲打打。

　　一天工作的開始,也有人始於自己一個全新的念頭。例如:企業家把公司內部高階主管找進會議室,宣布自己下一季的工作營運方針;傳統茶農突然想要將產業轉為有機茶

葉，於是開始多方奔走，了解跟研發有機茶葉栽種的方法與技術。

一天工作的開始，也有人開始於收件匣裡的E-mail。例如：處理客戶的抱怨單、成為合作廠商跟公司互動的橋梁。

優先為他人工作，並沒有什麼不好，許多工作都以此作為開頭，然後再從這裡衍生出許多工作。

不過，這樣的工作模式比起前兩者，相對而言，是屬於比較被動的工作，偏向「為別人已知的需求」而工作，而不是為了自己的興趣、熱情，或者是理念而工作。

職業沒有貴賤，是否優先為他人而工作也不是我們工作的重點，有人工作是為了賺取一份薪水，有人工作是為了得到成就感，有人工作是為了自我實現……**大家都在工作，但工作的理由跟方向各不相同，沒有優劣，沒有好壞，只有這一切是否是我們想要的？**

只是「優先為他人工作」，有一個潛藏危機：忙碌的事情可能過於瑣碎，在經過一段時間後，心裡頭會浮現出不知自己究竟在忙些什麼的空虛感。

成功的起點

你是誰、有什麼樣的過去，這些其實一點都不重要。

成功的能力，向來都從「自身」開始的。

美國知名脫口秀節目主持人／歐普拉·溫芙蕾

　　在西元1954年出生的歐普拉·溫芙蕾，由未婚又只是個青少年的單親媽媽獨力撫養長大，年幼的時候，歐普拉的生活環境相當清苦，在她念高中時，就必須出外工作賺錢。歐普拉從19歲開始，便在廣播電台工作，在新聞節目擔任主持工作，直到後來有機會成為脫口秀節目主持人，從此聲名大躁。

　　歐普拉現在不僅僅只是成功的脫口秀節目主持人，更擁有屬於自己的媒體公司，還名列為20世紀中最富有的美國黑人。更令人驚訝的是，一位從小由單親媽媽撫養長大的女

孩，沒有家世、沒有背景，憑靠自身的努力，還曾經擠身成為當時世界上唯一的黑人億萬富豪。

　　歐普拉的出生，幾乎可以說是拿了一手的爛牌，黑人、單親、母親未婚生子、貧窮，在美國的環境下，她的未來比一般人更多了不確定跟危機。但她憑藉著口才跟主持功力，讓自己躍身成為當時最富有的美國黑人億萬富豪。

　　她的成功，來自她的能力，而非家世。對於一個人來說，再也沒有比因為「自身能力」，而獲得成功更棒的事情，因為這個成功肯定的不是其他，而是她這個人的能力與努力。

　　現今社會上，出現一種新名詞「靠爸族」，如字面上的意思，大概意思就是仰賴父親的族群。「靠爸」其實沒什麼不好，善用資源，讓自己更快、更輕鬆獲得成功，也是獲得成功的一種方式。從古至今，最理所當然的「靠爸族」職業，其實就是鼎鼎大名的「皇帝」一職。

　　只要老爸不要生太多兒子，造成康熙年間九子爭奪皇位的悲劇，爭得那麼辛苦，一個不小心還得被關進養蜂夾道，或者丟掉小命，基本上，只要生為長子，就很可能直接榮登皇帝寶座。不過，人們想要獲得成功，往往不是坐上皇位或者獲得名利，就能打下完結篇的字幕。

人們之所以想要獲得成功，最想要的東西，其實是
──成就感、自我認同感、肯定感！

雖然「靠爸族」獲得成功可能比較容易，但這樣的成功
背後，所帶來的成就感、自我認同感、肯定感比較薄弱。

不是「靠爸族」的人，請不用怨嘆，想想歐普拉的親身
經歷，當我們手中拿了一手爛牌，結果卻出現大逆轉，贏得
最後勝利，那種來自「自身能力」的成就，將比任何成功都
來得更加耀眼、令人驚嘆！

主動改變，擁抱樂觀

我是一個樂觀的人，我總是相信未來絕對會比過去更好，而且我相信自己在這樣的過程裡，扮演著舉足輕重的影響力。

人類最可貴的地方，特別是就我自己而言，正是我可以主動改變，我可以把事情做得更好。

如果你能夠在每天起床的那一霎那，便一直保持樂觀，永遠相信未來將會比過去更好，這一點，將會使人自然而然克服許多人生難題。

奇異公司執行長／傑夫・伊梅爾特

一樣米養百樣人，世界上可以粗分為幾種人：

第一種人，不知道自己可以過得更好的人。

這類人又可以分為兩種族群，A族群每天庸庸碌碌過生活，生平最大志向便是平平淡淡過一生，沒什麼遠大抱負，卻很懂得知福惜福、知足常樂，每天忙得像隻無頭蒼蠅，卻天天開心。

B族群每天也庸庸碌碌過生活，但心裡頭總是不滿足，卻又不知道怎麼做會更好，於是常常抱怨工作、抱怨情人，卻又始終待在令自己抱怨不斷的環境裡，把美好人生活得像在坐無形監牢。

第二種人，知道生活其實可以過得更好的人，但總是忙著羨慕別人，而忽略自身能力，也許可以幫助自己過得更好。

「真好，可以買下那麼漂亮的房子，住在裡頭的感覺一定很幸福吧。」「真想買東西都不用看價錢。」「自己要到什麼時候，才能擁有屬於自己的一個小空間？」「好想跟她一樣，每年都出國旅行一次。」「自己每天都要準時上班、下班，他卻能自由進出辦公室，賺得甚至比任何人都多，真希望自己在擁有自由的同時，也能荷包滿滿。」

當我們心裡冒出這些話時，常常是個契機！

一個「可以讓自己變得更好」的契機，可是我們往往就讓這個念頭一閃而過，沒有緊緊抓住它。因為總是太忙著羨慕別人，而忘記自己也許也可以擁有這一份幸福。

第三種人，知道自己可以過得更好的人，內心充滿期待，很會許願，卻不願意主動改變。知道自己正在羨慕別人的生活，心裡也很清楚自己所嚮往的生活，更明白如果自己想要過那樣的生活，現在必須做出一些改變，否則羨慕永遠只能是羨慕而已。

空姐施華，一畢業就順利考上空姐的職務，當同屆畢業的同學拿22K薪水時，她的薪水是他們的三倍以上。

時間嘩啦啦過去，十年後，施華身邊不少同學開始年薪百萬，甚至自己開公司賺大錢，而施華薪水調整不大，對自己工作又抱持著「不過是高級服務生」的心態，開始變得非常不快樂。

以前念書時，施華是同學中最有創意、最有商業頭腦的人，但她現在跟老同學出去，只能跟他們聊保養品、名牌，聽同學們聊工作或者公司的事時，常常有種脫離的感覺。

施華對自己的現況感到不滿，想要改變，可是每當想到要離開薪水還算優渥的工作，內心便充滿糾結情緒，以及不

知名的恐慌。時間又嘩啦啦過去，五年後，因為生活習慣問題，施華收入雖不錯，卻始終存不了錢，沒有錢，她根本不敢辭職。

雖然施華也想跟同學一樣，到社會上去拼搏、去衝衝看，試試自己的能耐，但一年拖過一年的遲疑，讓她慢慢認定自己一輩子就只能這樣子了，每當她看著鏡子裡的自己，總覺得一股厭惡感快要淹沒自己。後來，施華開始勤跑醫院，尋找專業醫師做心理諮商。

第四種人，知道自己可以過得更好的人，內心充滿希望，願意主動改變，不斷學習新的東西，讓自己的生活好之外，還要更好！

施華的同學小龜，畢業時拿22K的薪水，但她始終相信，自己不會一輩子、每個月都只能拿22K的薪水。

看著施華比自己多出兩～三倍的薪水，小龜告訴自己，沒關係，慢慢來，只要努力不懈，有一天說不定我會賺得比她多。

剛開始時，因為工作難找，小龜先找了一份咖啡店的全職工作，端起碗盤，每當有人對她說：「拿著大學畢業文憑就為了做這工作，值得嗎？」小龜總是笑笑，不說話。因為

她知道，這只是過渡期，不會是她一輩子的工作。果然，後
來小龜找到一份充滿前景公司的總機小姐工作，於是又有人
跳出來，在她耳邊說些擾人的風涼話。

例如：如果只是接電話，國中畢業就可以來了嘛，幹嘛
等到大學畢業？小龜對於這些話，一概置之不理。

因為她知道，總機小姐的工作，可以是一份不起眼的工
作，但也可成為自己「進入好公司的最佳跳板」，**只要她
把總機小姐的工作做好，自己就不會一輩子待在這個
位置上！**

果不其然，小龜在一年多後，正式成為該公司的重要職
員。造成這一轉變的重要關鍵，不是「時間」，而是小龜
「主動改變的行為」與「永保樂觀的心態」。

公司生產LED燈，小龜原本對LED燈一竅不通，因為
工作的緣故，開始跟每天進出的人員聊天，藉機學習，另外
自己也到書店尋找相關書籍，增進這方面的相關知識。

公司老闆天天進出公司，直到有一天，聽見小龜跟客戶
聊起LED燈，而且還侃侃而談，後來客戶直誇公司一定前
途無量，只是一名總機小姐，都能如此了解LED燈，可見
公司基礎教育做得相當成功。

後來，客戶跟公司簽了一筆大訂單，小龜也正式成為該公司職員，成功開啟自己百萬年薪之路。對於自己的生活，有的人心中沒有美好的藍圖，有的人心中雖有美好的藍圖，卻沒有實際作為，讓藍圖永遠只是幻想中的藍圖。

　　想讓生活變得更好，只有兩大秘訣！

　　第一，「樂觀相信」自己一定可以過得更好。

　　第二，「主動改變」現在的生活模式跟態度。

　　有時候「時間的流逝」，並不會對我們生活造成改變，但「主動的行為」，一定會對我們的生活，造成某些程度上的改變。

喬丹，
讓人徹底失望的26次

在職場生涯中，我沒投進9000球，而且輸了大概300場比賽，還曾經26次身扛投致勝關鍵球的重任，最後卻以令人失望收場。在球場上，我經歷過一次又一次的失敗，但也正是因為這些失敗，成為我成功的原因。

NBA知名球員／麥可‧喬丹

如果不是麥可‧喬丹自己爆料，我們還真不會無聊到去計算他曾經沒投進9000球、輸掉300場比賽，還辜負大家對他寄與厚望高達26次之多！

我們只會像如數家珍般，細數他贏過多少場比賽、投進多少次關鍵球，以及創造出多少令人驚嘆的輝煌紀錄。最傲

人的成績，往往是在一敗塗地的泥濘裡，開出最璀璨的花朵。

一百次的失敗，換來一次令人驚豔無比的成功，就足以令人傳唱許久，重要的是，我們願意接受一百次失敗所帶來的打擊。

失敗，最可怕的地方，往往不是失敗本身，而是失敗所帶來的打擊，常常將人打垮，導致人不願再次嘗試。

失敗，並不是真正的失敗。「不願再次嘗試」，才是真正的失敗。

失敗就像水果之王榴槤一樣，擁有令人不敢恭維的外表跟臭味，再加上渾身是刺，實在很不討人喜歡。

但失敗的內部，往往包裹著醞釀成熟的機會、果肉與希望，唯有能夠與失敗共處、擁抱失敗、破解失敗所帶來痛苦的人，才能締造成功與奇蹟。

麥可‧喬丹踩著常人無法負荷的失敗經驗，伸出手，將球送進得分袋裡，創造出一段又一段令人讚賞不已的球場奇蹟！

包容中，讓我們擁有更多

> 對我來說，政治、宗教和哲學上的看法不同，不能成為我離開朋友的理由。
>
> 美國第三任總統／湯瑪斯・傑佛遜

擁有一些跟自己看法截然不同的朋友吧！

我們可以跟他們互相分享自己看世界的角度，獲得更加多元的視角。始終活在一片掌聲中，或者一面倒只說好的環境裡，我們也許會過得比較舒坦，卻成長緩慢。

我們都渴望不斷成長，也許我們現在都不夠好，但期望自己可以越來越好，越來越成長、茁壯。在一些小說或是科幻電影裡，最恐怖的一種能力，通常不是毀滅性強大的力

量，也不太會是治癒力超強的能量，而是能夠吸取每一個人身上的能力，轉化成自己內在能量的人，這才是最可怕的人。

這種吸取別人身上的優點，一點、一滴累積在自己身上的能力，剝掉它科幻的部分，穿上現實大衣，不正好是我們所謂的「學習能力」嗎？

擁有自己的主張跟想法，是種能力。但還有一種能力更加可怕，它不但擁有自己的主張，還會吸收各種想法的優點，讓自己的主張更加天衣無縫。

這種強大的能力，包含了「自我思考能力」、「自我學習能力」，以及最重要──能夠靜心吸取各種意見的「包容力」！

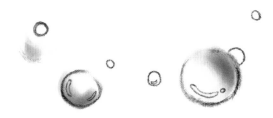

這才是人生最快樂的事

人生中最大的快樂，莫過於完成別人說你做不到的事

雜誌主編

沃爾特・白芝霍特

　　這個時代，流行一個有趣的詞兒，以前叫做「不看好」，後來慢慢演變成比較激進一點，叫做「唱衰」。

　　華人演藝圈裡，大家都耳熟能詳的天后之一，蔡依林絕對榜上有名。蔡依林有一個封號，有人說她是「蔡是非」，不管她做了什麼，永遠都是罵聲一片，年輕時，有人說她不夠漂亮，走在輔大校園裡，男同學只覺得她跟其他女同學差不多，沒有什麼特別迷人的地方。

　　後來又被人說太胖，導致她努力減肥，盡量控制體重，到今天勤奮健身，保持身形窈窕。奇異的，不管別人怎麼

罵，蔡依林總是越來越紅，代言廣告一支接著一支拍，吸金功力令許多人稱羨不已。先放下天后蔡依林，把視線焦點放到我們自己身上。先前提過的小龜，曾被同學以嘲弄的口吻，調侃她的工作，話中暗示她的一輩子似乎就是這樣了，大概很難活出星點般的燦爛火光。

但事實是，小龜憑靠自己的努力，跌破所有人眼鏡，尤其是當初「唱衰」她的那些人，知道她後來的成就後，全都瞬間傻眼，現在小龜活出屬於自己的成就與人生，直接用行動堵住干擾的唱衰聲。

時間，無法改變我們的生活，除非我們自己主動「用行為改變它」！但時間會告訴我們一些答案，不用著急，不用額外做些什麼，只要專心做自己的事，過自己想過的生活，有些答案會自動浮出生活水面。

那些曾經對小龜說「拿著大學畢業文憑就為了做這工作，值得嗎？」「如果只是接電話，國中畢業就可以來了嘛，幹嘛等到大學畢業？」的人，其中一位在五十歲時，遭到公司無預警裁員，生活從此陷入困頓裡。

因為曾經承受過別人的不看好，小龜時時藉此警惕自己，總是不忘要不斷學習、繼續進修，才能不被社會淘汰。許多人很喜歡把「不可能」這句話，常常掛在嘴上說。

例如：某某某不可能成為大明星，幾萬個人裡頭，就只有那麼一個。不曉得說這話的人是否有想過，有一個就代表有希望，並非真的不可能。

「不可能」總是在人的嘴裡，不斷傳誦，但這世界上還有另外一種人，在他們人生的字典裡，找不到「不可能」這三個字！

對他們來說，「不可能」這三個字不是灰灰暗暗的鐵律，而是一項閃閃發亮的挑戰，**他們會用「實際行動」把「不可能」扭轉成「夢想成真」**，然後盡情享受它所帶來的一切美好。

這不是叛逆，
而是自我掌控

小時候我的頭髮被粗暴拉扯，被皮帶狠狠抽打，不只是我，鄰居家的孩子也有相同處境，這是當時代的氛圍。

當時，有許多孩子毀在自己父母手中，當時德國與奧地利人民的心態，普遍不想創造出獨特的個人，強力要求規矩與順從。

但我從來就不是順從的人，所以我成為一個別人眼中的叛逆者。當我被打時，他們總說：「你不能這麼做。」

這時候，我會對自己說：「這種情況不會持續太長時間，我很快會搬離這裡，而且變得富有，甚至成為一個大人物。」

好萊塢知名演員／阿諾・史瓦辛格

出生於西元1947的阿諾‧史瓦辛格，是相當知名的好萊塢演員，他所主演的電影《魔鬼終結者》(Terminator)，在那個年代幾乎無人不知、無人不曉。

但鮮少有人知道渾身肌肉的阿諾‧史瓦辛格，在奧地利出生，而且原來的職業是健美先生與演員，另外，他還曾經高達7次贏得健美比賽，榮獲奧林匹亞先生的頭銜。

成為家喻戶曉的好萊塢知名演員後，他並不以此為滿足，更轉戰政壇，於2003～2011年間，兩度贏得政治選舉，當上美國加州州長。他的一生峰迴路轉，獨佔不同領域的山頭，屢創高峰。

從前面的歐普拉‧溫芙蕾，到這裡的阿諾‧史瓦辛格，我們可以輕易發現一件事，老天爺能夠決定我們的前半輩子，但後半輩子的決定權，往往掌握在我們自己手裡。

我們不喜歡自己現在的生活、不喜歡正在從事的工作，這一切都很正常，很少有人在一開始，就能順利找到最愛的工作，挖掘熱情所在。

最重要的不是我們現在站在什麼地方，而是我們是否能夠對自己說：「這種情況不會持續太長時間，我很快會搬離這裡，而且變得富有，甚至成為一個大人物。」

相信阿諾・史瓦辛格對自己說這些話時，應該還不知道自己未來會變成什麼樣子？也不知道自己即將成為好萊塢知名演員，更不可能預知自己將來還會成為美國加州州長。

但他心中有個堅定不移的信念，那就是——不管我現在有多麼慘，都只是暫時的，我很快能夠脫離這種情況，而且變得越來越富有、越來越好！

堅定不移的信念，有時候看起來很抽象，甚至似乎不能起到什麼了不起的作用，但所有成功人士都會知道「信念」本身的力量，有多麼驚人。

如果我們對自己說：「這輩子大概就做著一份爛工作，沒什麼指望地度過一生。」那麼，這就將會是我們的人生。

但如果我們對自己說：「我遲早要換掉這份沒什麼指望的工作，找出自己真正想要做的工作，傾注熱情，直到成功那天到來。」那麼，成功這兩個字，將會是我們人生裡常常出現的名詞。

走你的路吧！
不必理會別人怎麼說。

彩色態度

態度，宛如一盒為世界上色的蠟筆。如果經常使用灰色蠟筆，人生將看來灰暗無光，試著運用幽默，再加上一點鮮豔的明亮彩色蠟筆，人生將會繽紛璀璨起來。

唱片公司總裁／艾倫‧克萊恩

　　對阿諾‧史瓦辛格來說，自己小時候的生活環境，是灰暗無光的，但他沒有任灰暗罩他整個人生，反而善用「想要脫離目前環境」的強大信念跟動機，用積極的態度，把自己的人生活出一片燦爛光明。

　　我們從阿諾‧史瓦辛格的角度來看，也許會覺得他成為好萊塢知名演員，甚至是美國加州州長，其實並無可能。但如果我們轉化視角，把目光投向「當時德國與奧地利人民的心態，普遍不想創造出獨特的個人，強力要求規矩與順從」的大環境下。

　　一個被關在家裡的小男孩，一天到晚挨揍，或者一天到晚聽見其他孩子被挨揍的哭嚎聲，我們能想像得到這孩子將來能成為好萊塢知名演員，甚至是美國加州州長嗎？

　　我們的「難以想像」，其實是有它的道理，畢竟在那樣環境下，衝出屬於自己一片天的人是少數，而阿諾・史瓦辛格剛好是少數之一。

　　而阿諾・史瓦辛格能夠成為少數之一最大的原因，恐怕正是因為他擁有別人所沒有的強大信念！

好運是努力的附加

—— 企業家雷克羅克

Chapter 2
「問題」常常存在我們心裡，而非客觀環境

獲得成功時的堅持不懈，要比遭到失敗時頑強不屈，更加重要。

——拉羅什夫科

為什麼他不願賺更多？

由感覺產生一切信任、一切坦然的心境、一切真理的證據。

——尼采

生命不可能有兩次，而許多人連一次也不善於度過。

——呂凱特

　　有個年輕人從都市來到漁村，手裡拿著裝滿企劃案的公事包，一臉信心滿滿地走進村子裡，逢人就問：「請問你們村子裡，最會釣魚的人是誰？」

　　第一個中年男人回答：「喔，阿滿啊，聽他的外號就知道，他每次出去釣魚，一定都能滿滿的回來。」

　　年輕人問了阿滿可能會去的方向，在往前邁進的半路上，遇見一位老婦人，他又問：「請問你們村子裡最會釣魚的人是誰？」婦人一臉理所當然地回答：「當然是阿滿，

他天天釣魚都不會膩，技術好到沒話說，釣到的魚又肥又精。」年輕人點點頭，心想，自己要找的人，大概就是這位阿滿先生了。

在接近路人們所指的地點時，他看到一個小孩興高采烈地跑著，於是又問：「小弟弟，請問你們村子裡最會釣魚的人是誰？」

小弟弟手中拿著一隻香噴噴的烤魚，蹦蹦跳跳的小小身子被年輕人一手抓住手臂：「當然是阿滿叔叔，你看，他不只會釣魚，還會烤魚喔！」

連小孩子都知道？年輕人心想，自己想尋找合夥開公司的人，確定就是這位阿滿先生了！

年輕人踩著愉快的腳步，終於找到正在釣魚的阿滿，拿出內容詳盡的企劃案，努力遊說：「只要我們合作，有你的技術，再加上我的生意頭腦，一定可以大發利市，為我們賺進很多錢。」

阿滿點點頭，不動聲色地問：「賺了這麼多錢，然後呢？」年輕人聽見阿滿的問題，更加興奮地開口：「然後我們可以利用這些錢，購買更多、更大的漁船、工廠場地跟設備，然後就可以賺更多的錢。」

阿滿又問：「然後呢？」「然後就可以購買很多漁船，雇用很多工人，賺更多、更多的錢。」「然後呢？」年輕人愣了一下，突然靈光一閃大叫：「然後你就可以做自己喜歡做的事啊！」

　　阿滿聽了，對年輕人笑了笑：「年輕人，這不就是我現在正在做的事嗎？」

🐥 語言中的珍珠

人生無常，許多突然降臨的災害一幕幕在我們眼前上演，如果上蒼不是殘忍的，就代表這裡頭確有玄機，正等著我們自己去思考、去體悟。

環境無常，財富無常，人也無常，生命也無常，所有一切外在事物皆無常，只有一樣東西能亙久不變，那就是——人心。

不隨外在環境誘惑隨之起舞，只要自己心裡頭早有定數，能看透事物最終的本質，就不怕自己空忙一場，到頭來才恍然大悟原來自己想要的一切，其實早就被自己牢牢握在手中。

請試想，如果阿滿真的和年輕人合作了，是不是代表他即將會失去現在手中緊握住的快樂呢？

「不幸」把我趕進
「幸福」的城堡

> 人的一生，可能燃燒，也可能腐朽，我不能腐朽，我
> 願意燃燒起來。
>
> ——亞力山大‧奧斯特洛夫斯基
>
> 順境，使我們的能力因過度放鬆而顯得無用，甚至讓
> 我們感覺不到自身的能量，但障礙，卻能召喚力量的
> 甦醒，並善加利用。
>
> ——休謨

　　她與媽媽住在台北一棟老舊住宅裡的二樓，已經超過
25年，媽媽更是從年輕便住在這裡，一住就快35年。

　　雖然房子是租的，但對她們來說，這裡已經是她們生活
中最重要的家，有許多回憶與歡笑，連父親也是在這裡過
世，雖然只是一個居住的地方，但對這對母女來說，這裡早
已經不單單只是住家這麼簡單。

一日，樓上屋主過世，由他粗暴的油漆工人兒子繼承這棟古老建築。因為房子是以前的設計，裝設電視天線跟水塔，都得經過屋主家到頂樓。屋主兒子處理完喪事沒多久後，便進這裡居住，好省下他必須在別處租屋的房租費，卻也從此為這棟房子帶來不幸與紛爭。

　　首先，屋主兒子為架設自己的電視天線，影響了房客的電視天線，她們向新房東反應，卻得到：「那是妳們家的事。」這樣的回應。她知道媽媽平常的休閒娛樂就是看電視，在溝通無效後，只好跑去購買電視機上盒，退步忍讓。

　　幾日後，房東突然跑來敲門，說樓上沒有冷氣機的線，既然2樓有裝設，為了省下幾千塊費用，便要工人強行進入拉線到3樓。媽媽氣得上樓理論，除了為了新房東霸道的作風生氣外，更為將來必須每兩個月拆分的電費費用擔憂。

　　新房東不是能夠講理的人，又喜歡占人便宜，為此，她們苦惱不已。果然，數月後，一切就像她們開始所擔憂的那樣，新房東不但不支付冷氣費用，還常常喝醉帶一堆朋友回住所，出入人口變得相當複雜。

　　媽媽為居住狀況之惡劣，煩憂的得了憂鬱症，體重從原本福泰的60多公斤驟降到48公斤。最後，儘管有許多不捨，她毅然決然決定和媽媽一起搬出這裡，另覓一處兩人安

心的住所。 經過半年尋找，母女兩人搬進新屋，每月房貸
費用不但比先前房租便宜，媽媽的憂鬱症也不藥而癒，人也
因日子轉好而變得更加快樂。

更棒的是，原本封閉的媽媽，因為換了新環境而心情開
闊，結交了許多新朋友，不再只是關在屋裡看電視，守著過
去的回憶與家，開始懂得出外爬山、開闊自己的生活、與朋
友到處玩樂。

 語言中的珍珠

接受、直接面對不幸事件的這一刻，其實已經掀開幸運的
那一篇章。

事情的表面往往看起來很簡單、壁壘分明，好像只是一堆
選項，居住還是搬離、對抗或是忍讓、放棄還是死撐？

有些事表面看起來很簡單，但一件不幸事件的背後，也許
已經偷偷為生活帶來更多的轉機，只是我們目前還看不到
而已。

再等等好嗎？

當遇到不幸事件，沒有選擇可選時，最重要的是──我們
必須要學會相信，如果日子已經走到谷底，接下來就要開
始往上爬了。

不「勤練」，比無法「獨立思考」更糟

> 只有人類精神能夠蔑視所有限制，並相信最後必然會成功，將它的探照燈照向黑暗的遠方。
>
> ——泰戈爾
>
> 獲得成功時的堅持不懈，要比遭到失敗時頑強不屈，更加重要。
>
> ——拉羅什夫科

女兒從小就喜歡彈鋼琴，許多教過她的老師也都不約而同說她很有這方面的天份，她一路從幼稚園學到高中，後來還順利考上國外知名的音樂學校，但沒有人知道，其實女兒曾經一度想要放棄。

那是發生在她高三時的事情，當時正要著手準備升大學的鋼琴考試，可能因為壓力太大，再加上求好心切未果，便延伸出「認為自己沒有天分，想要放棄」的念頭。

　　母親知道後，也不多說什麼，因為她心裡很清楚，這種事情只有本人想透，才有可能出現轉機。於是，母親帶她到一間餐廳吃飯。吃完飯後，母親站起身，在女兒一頭霧水之下，央求餐廳經理讓他們母女到廚房一趟。經理起先不肯，後來經過母親解釋自己為什麼要這麼做後，才點頭放行。

　　女兒跟著母親走進廚房，看見大廚們一個個專注處理眼前的食材，儘管只是一個放油的小動作，也都像經過精密計算一樣，必須先用掌心感覺鍋子的溫度，自己判斷溫度夠，才能放油、置入食材。

　　女兒微微張唇，佩服地望著大廚們身手俐落地翻炒著鍋中菜餚，青的、紅的、白的、綠的通通在半空中跳躍。大廚們不但做出色香味俱全的佳餚，更妙的是沒有任何菜餚掉出鍋外。

　　「這要經過幾年的工夫才能練成啊？」母親聽見女兒喃喃自語的驚嘆，對她搖搖頭說：「我不是要妳看這個。」才說著話，就把女兒拉到一旁，一塊正在為髒碗盤分類的工作區域。

　　只見廚房與餐廳之間的牆上小孔，不斷堆進滿滿的髒盤子、髒碗、髒湯匙、髒筷子，一個年輕人正以驚人的速度，飛快刮掉碗盤上的剩菜，再一一為它們分類，放進不同的籃

子裡。「天啊！他的動作也未免太快了吧？簡直就像是千手觀音一樣，動作快到我幾乎看不清楚他什麼時候把那些東西放到籃子裡，這、這簡直太令人驚歎了！」

聽見女兒的話，母親知道自己做對了，她藉著機會，開口說：「我上次跟店家借廁所，不小心走錯路，看到這一幕時，比妳還吃驚！只是一份暫時打工的工作，他都可以做到這樣的境界，實在不容易。」女兒聽了之後，臉頰微紅。回到家後，她開始自動自發、每天練琴至少超過8個小時，最後，終於順利考上國外知名音樂學校。

🐦 語言中的珍珠

◎ 如果我們能把手邊的事情做到最好，就不用永遠只是做這件事而已。

◎ 在尚未付出許多努力之前，先別急著判定自己毫無天分。選擇放棄是件非常容易的事情，唯有堅持下去，才是人生中的一大挑戰。

要精通一門學問或樂器，除了天賦之外，更重要的是必須不斷精進自己、反覆練習。有道是，天才靠得是99分的努力與1分的天賦。如果我們沒有那1分的天賦，至少可以靠努力，拿下99分。不是嗎？

再多試一次

你若只是失去了財產，你只是失去一點，你若失去了榮譽，你丟掉了許多，若你失去了勇氣，你就等於丟掉了一切。

——歌德

少壯不努力，老大徒悲傷。

——漢樂府古辭《長歌行》

一個富翁為了讓兒子開始闖蕩社會，在他大學碩士畢業後，便把他叫來跟前，放了一筆錢在他面前，交代：「兒子，你已經是成人，也念了不少書，這筆錢算是給你的創業基金，從今天起，你就自己出去闖蕩吧！」

兒子手裡一拿到錢，立刻盡情揮霍，先是給自己租了一間每月兩萬塊的豪華套房，又約了朋友夜夜笙歌，上酒家、混夜店、唱KTV，每天過得愜意又快活，這樣的日子重複長達半個月後，兒子突然覺得膩了，開始想要認真做點什麼。於是他把那些朋友找出來，請他們吃火鍋、喝酒，幫忙出出主意。

一夥人，一邊討論，又剛好正在吃火鍋，於是便有人就地取材建議道：「開火鍋店吧，我們台灣人愛吃火鍋，而且每人每天都要吃飯，市場這麼大，就開間來試試吧。」手裡有錢的兒子，很快的，便弄了一間火鍋店，沒想到，才開張沒多久就關門大吉。接著，兒子又用剩下來的錢，開了一間小吃店，過沒多久又關門，然後是麵店、滷味店，店越開越小，結果卻通通都一樣。不久後，富翁給他的錢，全部慘賠、血本無歸。

　　富翁知道情況以後，非常失望，對妻子說：「真是丟臉死了！我給他那筆錢，沒想到他卻拿去享樂、享受，完全辜負我一片用心，更糟糕的是，他居然連一點經商的頭腦都沒有，無論開什麼店都倒閉，我真是……唉……對他太失望了……」

　　妻子聽了，同樣滿臉愁容，隔天，深怕兒子受苦的她，立刻帶了幾十萬現金去找兒子。原本以為會看見窮苦潦倒的兒子，未料，竟看見一個精神奕奕的年輕人，正勤奮地招呼著跟他買雞排的客人。妻子詫異極了，馬上回家告訴富翁。

　　兩人很快回過頭找兒子，發現原本野心勃勃的兒子，窩在一個小攤位前，開心的向絡繹不絕的客人，解釋雞排不同的口味。富翁一問之下，才明白原來兒子退掉豪華套房，拿回押金，換得最後一點資金，開起他大學時代最喜歡吃的消

夜——雞排店。因為本身原本就喜歡、常吃，所以對這樣東
西擁有許多想法，剛好利用開店的機會，將腦中原本的想法
一一實現。兒子對富翁說；「爸，我現在終於知道開店不是
有資金跟東西就可以，必須處處用心、有想法，還要在開幕
時搞點促銷活動。」富翁聽了，欣慰地流下眼淚。

　　沒人比他心裡更清楚，他的兒子不僅僅只是學到了這
些，**更重要的是他看見兒子最珍貴的本質——一個不怕
失敗跟挫折的勇敢年輕人**。過沒多久，富翁便放心將手中
的事業交給兒子打理。

 語言中的珍珠

一次的失敗，並不能代表真正的失敗，只要再多試一次，
依然還是有成功的可能。

人生最大的榮譽，不是「永遠不敗」，而是跌倒了，有勇
氣再爬起來、再繼續奮鬥下去！

所有的失敗都不僅僅只是失敗而已，它們就像一塊塊紮實
的墊腳石，將我們一步步撐往成功的天際。唯有如此，我
們的成功才能「腳踏實地」、「穩扎穩打」，而非「一步
登天」的空中樓閣。

挫折從來都不是惡果，只有當自己的灰心喪志的時候，才
能導致真正的失敗。

成為自己的情緒偵探

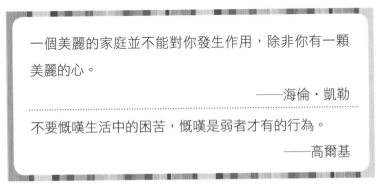

一個美麗的家庭並不能對你發生作用，除非你有一顆
美麗的心。

——海倫‧凱勒

不要慨嘆生活中的困苦，慨嘆是弱者才有的行為。

——高爾基

　　他在一間知名的外商公司工作，平常總是待人有禮、不
管對上還是對下都溫文含蓄，從不隨便亂發脾氣。回到家
後，更是一般人眼中的好爸爸、好老公，工作認真，又願意
花時間和家人相處。

　　但有一天早上，他突然為了一件小事情生氣。原來是剛
上幼稚園的女兒，吵著要他幫忙穿襪子，他滿腦子只裝著
10點會議要報告的內容，面對女兒的撒嬌，從不皺眉頭的
他，臉色重重一沉，開口道：「去找妳媽咪，別來煩我！」

　　女兒從沒見過爸爸這麼兇過，哇的一聲，驚天動地嚎啕
大哭起來。妻子聽見，連忙馬上跑過來安慰女兒，一心只想

趕快哄女兒不哭的她，沒看見丈夫滿臉愧疚，著急地問：「怎麼回事，寶貝怎麼哭成這樣？」他起初不說話，後來才吶吶開口：「我沒空幫她穿襪子，她就哭。」「不過就是穿一下襪子，很難嗎？」

面對妻子的質問，他胸口突然被一股悶氣緊緊抓住，不知怎麼的，他居然朝兒女猛然大吼起來：「我每天工作這麼辛苦，你們可不可以不要連這一點小事都要麻煩我！」說完，他馬上出門上班，留下滿臉錯愕又驚怒的妻小。帶著這個小插曲上班，一整天工作下來，他越來越心煩意亂，面對屬下也越來越不耐煩。

回到家後，他原想道歉，卻發現家中氣氛始終透露出一股古怪，幾次到了嘴邊的道歉，又都硬生生吞回肚裡。日子一天天過去，不管是工作還是家庭，情況都越來越糟，大家都說，他變了。

無意間聽到大家給他的評語，他開始反思起來，發現原來自己是害怕過一陣子的晉升機會有變，所以才會任憑恐懼的種子，全面入侵到生活裡。

坐在自己的辦公室裡靜靜冥想，反正最糟糕的狀況，就是這次無法順利晉升，這次不行，還有下次，只要他努力就不怕老在原地打轉。

把最糟糕的情況想通後，他又恢復到原先的自己，發現事情並沒有比「自己的恐懼」還要糟。

接著，他把自己這段日子以來的憂慮跟妻子一起分享，同時取得妻小的諒解。因他適時調整回自己的步伐，家庭與職場又恢復回原本的和諧，再加上他工作表現一直都很優秀，結果順利拿到這次晉升更高職位的機會。

 語言中的珍珠

「想像中的恐懼」，永遠比「真實情況」來的可怕多了！

最可怕的恐懼，不是面對黑暗時的恐懼、不是面對困難時的恐懼，而是恐懼偷偷溜進我們心底，而我們還不自知時殺傷力最大。

當大家都認為他變了的時候，只有他知道自己沒變，只是被莫名的恐懼悄悄推離常軌。

我們必須常常當自己心靈的最佳偵探，每當我們發怒時，便靜下心來好好想想，到底是什麼事情讓我們動怒？有時候事情並沒有變糟，讓我們變糟的，有時候只是我們的不安和恐懼而已。

努力不會白費，
不是成功，就是轉化成內力

> 世上的事情，永遠不是絕對的，結果完全因人而異。
> 苦難對於天才，是一塊墊腳石，對於能幹的人，是一
> 筆財富，對弱者而言，卻是萬丈深淵。
>
> ——巴爾札克
>
> 困難是欺軟怕硬的。你越畏懼它，它愈威嚇你。你愈
> 不將它放在眼裡，它愈對你表示恭順。
>
> ——宣永光

女兒一直想成為知名的插畫家，跟大家分享自己小小的
圖文創作，她累積了不少稿量，寄給出版社，卻通通石沉大
海。女兒沮喪極了，看著桌上完成的原稿，痛哭失聲。

母親經過女兒房間，聽見女兒的哭聲，便走進房裡拍拍
女兒的背，柔聲安慰。

「乖女兒，怎麼了？為什麼哭呢？」「媽，我是不是沒有畫畫的才能，為什麼寄出去的作品通通沒有回音？」母親對女兒笑了笑，不正面回答女兒喪志的問題，反而跟她聊起天來。

「女兒啊，妳知不知道日本有種竹子很特別，剛種下去的時候，我們完全不知道它何時才能抽芽、長大，但我們仍必須每天灌溉，細心照顧，因為這種竹子，很有可能必須種下五年後才會冒芽，也可能是十年。」

「要那麼久的時間？」女兒瞪大雙眼，顯得詫異極了。「是啊，就是要這麼久的時間，所以這種竹子十分珍貴，想要它發芽，我們不只要有耐心地等，還要積極照顧它，而不能只是消極地坐在原地等。」母親說完，靜靜看著女兒微笑，女兒想了一下，終於點點頭，對母親說：「媽，我知道妳的意思了。」

從此，女兒不只更加辛勤鍛鍊自己繪畫的功力，大量閱讀相關書籍、畫冊、展覽，還花錢去學油畫、素描……等課程，不斷學習，增進自己的筆下功夫。每天不管多晚下班，都會堅持至少畫完一幅小圖，才上床睡覺。

後來，好不容易終於有間出版社與她洽談，卻在討論到圖文集出版的窘況時，雙方紛紛作罷。出版社對圖文集的評估是──「必須與眾不同，又不能讓讀者可以輕易在書店翻

完」，每一項都是很實際卻嚴苛的考量。

　　雖然出版希望破滅，但女兒依舊不顧一切繼續畫，而且
越畫越開心，越畫越欲罷不能。經過這段日子的磨練，女兒
並不特別渴望出版，光是畫畫本身，就已經帶給她無窮的樂
趣與愉悅。

　　經過時間的日積月累，女兒不但累積大量作品，還奠定
了十分穩固的基本畫工，最後她自己挑選出最喜歡的50個
圖文創作小故事，自行出版，算是完成自己從小的一個小小
夢想。結果，竟意外造成空前大賣，被讀者競相購買收藏！

 語言中的珍珠

面對自己的人生，不要害怕暫時的失敗與孤獨，需要冒險
的精神和投入全部心思來不斷自我超越、自我修練。

處在成功與失敗的輪轉中、生活擺盪在憂煩與喜樂之間。
人的一生，不如人意十常八九，無法盡如人意的是外在環
境，並非我們的心。

大環境的窘況如同大石擋路，但決定我們是否可以成功的
關鍵，不在這顆石頭有多大，多難超越，而是我們的決心
夠不夠堅決！

忍的前進後退

> 人們說我做了些什麼不要緊，要緊的是我到底做了些什麼。
>
> ——赫伯特
>
> 卓越的人有一共同優點：在不利與艱難的遭遇裡，始終都能保持百折不饒的精神。
>
> ——貝多芬

　　她剛進廣告公司時，抱持著滿腔熱血努力工作，屢屢表現不凡，提出不少可用的精彩構想，讓老闆頗為欣賞。剛進公司兩個月，老闆便在一次大型會議上，公開讚美她的發想能力與工作能力，讓不少比她早進公司的前輩們眼紅。

　　漸漸的，她發現有些人開始在她背後說一些閒言閒語，說她靠關係進公司，或是跟主管有曖昧關係。她通通不予理會，更加專注在自己的工作中，慢慢的，這群人竟開始在她背後搞起小動作，像是假裝忘記通知她開會地點改變、故意把她放在茶水間的杯子丟到架子下方……等等，種種令人不勝其擾。

　　她相信只要自己不理會這些充滿惡意的小動作，不跟人計較，日子久了，大家還是有可能好好和平共處。她想起，小時候因為媽媽的關係，能夠頻繁接觸佛教，記得有首歌，大致是這樣唱的。

　　有人罵老拙，老拙直說好，有人唾老拙，由他自乾了，有人打老拙，老拙自睡倒，他也省力氣，我也少煩惱。

　　歌裡的老拙，唱的就是總是笑嘻嘻的彌勒佛。不過，她所希望的和平共處並沒有如預期中到來，反而在她因優秀的工作表現，被老闆提拔晉升成為小主管後，情況越來越壞，甚至有人敢當著她的面，口中念念有詞，像在罵她，還若有似無瞪她好幾眼。

　　她一直試著說服自己，情況終會有好轉的一天。但這一天，卻始終都沒有到來。後來她想到一個好方法，當那些人又看著她，彷彿正在惡毒地罵她時，她便朝對方微笑。

　　當她第一次這樣做時，對方狠狠嚇了一大跳，後來同樣的戲碼一再上演，只是罵她的人眼中的困惑越來越濃。直到有天，她因為公務必須和對方一起出差，經過3天2夜的相處後，對方突然對她說：「其實妳並不像經理說的那樣啊！」這時候，她才恍然大悟，原來一切都是忌諱她表現優異的經理，在她背後偷偷搞的鬼。

出差結束，她回到公司後，立刻找上經理攤牌，經理死不承認，背後小動作依舊不斷，她不勝其擾，最後老闆也知道這件事，她搶在老闆對經理做出任何動作前，率先請辭，並進入其他廣告公司工作。5年後，她晉升成為該廣告公司的高階主管，而原本任職的公司卻早在3年前倒閉。

 語言中的珍珠

真正的忍讓，不會讓人失去什麼，但能換來和平共處，但是，我們不能一味遷就、退讓，如果我們把自己為人處事的原則都丟棄，也就失去了自主個體的自尊，這是對自己不負責任的表現。

要不要讓？

要讓到哪個界線？

處處都是人生智慧的表現，每人標準不盡相同，但每人心中都應該抓緊自己的那把尺。

當有人給我們打擊或令我們感到憤怒時，就像跑步機上飛快的帶子，不斷催促著我們向前跑，增加我們的爆發力，這時候我們一定要更努力保持冷靜的頭腦，才能做出正確判斷、從容應對。

沒有一個肯跟他去

青年時魯莽，老年時悔恨。

——富蘭克林

青年人是盲動者，中年人是奮鬥者，老年人是悔恨者。

——狄斯雷利

有一位國王，擁有四位妻子。

第一位妻子，是他最先擁有的妻子，同時也是皇后。國王很少去看望皇后，對她並不寵愛也時常漠不關心，但她卻得扛起管理整個後宮所有繁雜的工作，替國王處理大小瑣事，卻從不喊苦、抱怨。

第二位妻子最得國王寵愛，幾乎到了寸步不離的地步，國王每天親自為她沐浴更衣、照顧飲食養生。只要她說渴了，就會端上瓊漿玉液供她飲用；她想穿上華服，國王就會費盡心思找來名家設計的衣服給她，對她所提出的任何要求，從來都不曾拒絕，也無法拒絕。

第三位妻子長得最亮眼、美豔，是許多人夢寐以求的佳人，國王幾乎每天都會去看望她、關心她，也時常向身邊的人問起她的近況，唯恐她會從自己身邊消失、離開。不管開心或不開心的時候，國王總是喜歡看著第三位妻子出現在自己面前，只要看著她，國王心情就能轉好。

第四位妻子和國王最合得來，時常陪國王喝茶、下棋、談天、說笑，聊聊後宮八卦趣聞，商量人生慶祝與喪事所有活動細節安排，是個可以商量又能彼此安慰的伴侶。

一日，國家有位能人算出國王近日必將遠行，請國王盡早做出準備，以免措手不及。國王當場立下王儲，但他實在離不開美麗的妻子們，心想，至少帶著一位妻子在身邊也好。於是，國王首先向自己最愛的第四任妻子，提出要求：「愛妻，請隨我一起前往戰場，可好？」

第四任妻子對國王搖搖頭：「這是行不通的。」國王聽完後，感到沮喪極了，於是又問了第三位妻子、第二位妻子，通通得到相同的結果。

國王心灰意冷，最後問到了皇后，沒想到備受冷落的皇后，居然想也不想，立刻答應，且對國王說：「我會一直待在您身邊，與您形影相隨，不管世事如何變化，不管您待我如何，我都願意天崖海角隨你去。」

國王一聽，立刻留下愧對又感激的淚水，原來，能人算
出的遠行，其實是死亡。

而第四任妻子是我們的朋友、第三任妻子是財富、
第二任妻子是我們的肉身、第一任妻子，則是我們的
心靈。

 語言中的珍珠

現在社會拼命追求物質慾望的提升，卻忽略心靈層次的進
步，每日汲汲營營於對財富、享樂、容貌的追求與維持，
將人臉拼命整形，想讓自己變得更美、不易顯老，卻忘了
讓自己的心變得更美、更有內涵。

盲目的追求，換得空虛的心靈、冷漠的個性，於是城市裡
到處都有疏離、漠不關心，惡性循環之下，造成憂鬱症盛
行。

我們追求社會給予的價值觀，卻反被這種價值觀吞噬掉人
最可貴的部分，忽略真正能滿足人所有一切的，其實終究
只有那顆心，實在得不償失。

其實這不是套圈圈遊戲

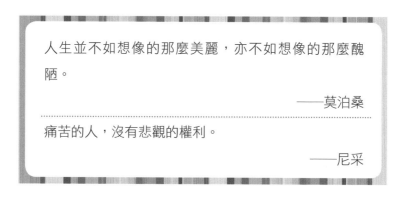

人生並不如想像的那麼美麗，亦不如想像的那麼醜陋。

——莫泊桑

痛苦的人，沒有悲觀的權利。

——尼采

晚上，朋友趁著夜晚的涼意出門，來到淡水捷運站散步，看看夜色與人潮，在一塊空地上，看見一對母子正在玩套圈圈的遊戲。

朋友心想，大概是想先把這技術練純熟了，再到小販那裡玩，這樣套中娃娃的機率比較大一些。仔細想想，這的確是個好方法。

走進一瞧，朋友看見地上放了一些瓶身細細長長的蘆筍汁，小小的男孩專注地面對地上那些罐子，花了不少時間瞄準後，拋出手中自製的鐵圈。「框！」鐵圈碰到瓶聲，發出碰撞的聲響。

　　男孩失敗了，他的母親輕聲地對他說：「沒關係，慢慢
來，來，這裡還有10個鐵圈圈，來吧，開始你的第90到100
次的嘗試。」

　　朋友沒有花太多心思停留，聽見這句話後，又到別處走
走，一小時後回來，經過這對母子時，發現他們還在原地玩
套圈圈的遊戲。男孩謹慎地拋光手中的鐵圈後，母親柔聲要
他稍微等一下，等把落了滿地的鐵圈都收集到手時，才又數
了10個，放到男孩手中。

　　「不急，慢慢來，開始你的第340到350次的嘗試。其
實，你剛剛有一個已經快套到了，卻被彈出去，我相信你一
定很快就可以套中！不急喔，知道嗎？」男孩點點頭，攤開
手掌，好讓母親把鐵圈放到他手中。

　　這10個還是都沒套中，這下子，連朋友都替男孩感到
著急，朋友走到母親身邊，開口表示自己可以教教男孩玩這
種遊戲的小技巧。

　　朋友從小住在這附近，別的遊戲不敢說，但套圈圈可是
朋友的拿手絕活，未料，這位溫柔的母親卻拒絕我。「您的
好意，我心領了，只可惜我兒子可能都用不上。」「怎麼會
用不上？我保證很簡單的，就幾個小技巧，說不定我一說，
妳兒子馬上就能套中！」

原以為聽到朋友這樣說，對方會立刻相信我，沒想到這位母親依然堅決地搖搖頭，對朋友說：「那是不可能的，因為我兒子他根本就看不見。」

朋友詫異極了，馬上脫口而出：「看不見？那怎麼有辦法玩套圈圈，而且還要套中？」母親聽見朋友的話，也不生氣，只是用很篤定的語氣開口：「一定可以的，他這麼努力做，遲早都會成功。」

朋友愣在原地，看見男孩跟他母親一直重複相同的動作，胸口突然感到一陣酸澀，不知時間過了多久，男孩累了，朋友正打算離開時，親眼看見男孩終於套中一個鐵罐。當場，莫名的感動立刻滿溢出我胸口。

 語言中的珍珠

如果說人生有障礙，那絕不是我們天生的缺陷，而是我們自己的成見、偏見、自我設限所造成的假障礙。那些都不是真正的障礙，通常只是我們不想突破自我的藉口而已。

沒有手的人，可以用腳畫出漂亮的卡片；沒有手腳的人，甚至可以學會游泳。如果他們可以活出生命的活力與熱情，你——還在等什麼？

不管任何時候我們都
有兩種選擇：一個是
勇往直前，追求成
長，另一個是向安全
感屈服，退縮不前

幸福的版本，
不是每個人都一樣

> 在我們瞭解「什麼是生命」之前，我們已將它消磨了
> 一半。
>
> ——赫伯特
>
> 我走得很慢，卻從來不後退。
>
> ——亞伯拉罕・林肯

　　五十三歲的大老闆，是人人眼中事業有成的大人物，擁有連鎖量販店的上億身價、住豪宅、開跑車、美麗的妻子、一雙送出國念貴族學校的寶貝兒女，父母在人面前談起他，總是帶著驕傲又得意的口吻。

　　以前，大老闆很享受這樣的生活，自己所到之處，總是有人等著奉承他，就連出入重要場合，也有不少懷有野心的年輕女人等著投懷送抱。

　　除了偶爾跳出心口的莫名失落外，大老闆很滿意自己的生活，以為這就是人生的最高峰。直到一場意外出現在他生命裡，才讓他開始去思考「何為自己的人生」？

　　某日，他駕車前往山區，一路風和日麗，突然，在自己正前方的一輛車，活生生在他面前被突如其來的落石擊中，車身損毀，車主當場身亡。

　　大老闆眼睜睜看著悲劇在自己面前發生，一想到，只差那零點幾秒，被擊中的人很有可能是自己時，背脊立刻爬過一陣冷冷顫慄。

　　回到原本的生活，他猛然發現自己原本以為快樂、幸福的生活，通通都不再讓他感到快樂。當別人對他說：「大老闆，你這輩子很有成就。」他就會想，我「成就」了什麼？把以前的雜貨店變得更大？

　　當別人對他說：「大老闆，你老婆好美、好溫柔。」他就會想，但不曉得她是否真的愛我？或者我到底愛不愛她？他們好像只是生活在一起，卻一點都不了解對方，他甚至不知道老婆愛吃什麼、喜歡什麼。以前享受大家讚美的大老闆，現在越聽這些讚美，越覺得空虛無比！

　　經過一段時間的沉寂，他發現自己根本不想把孩子送出

國唸書，這輩子所有比較快樂的時光，都是孩子在自己身邊的時候。他還想起自己年輕時有多喜歡爬山，後來開公司，一家、一家分店繼續往下開，忙到這個唯一的興趣都被自己所遺忘；身邊除了員工，就是急於奉承自己的人，他有多久沒有跟人聊上一句真心話？而不只是商場應對、合約洽談。

原本自己所追求的，頓時全成了關住自己的可怕牢籠。

慢慢的，大老闆將手中的工作一點一滴交給左右手負責。「**學會信任下屬**」成為他這輩子工作中，**最重要的成就。**

同時，大老闆還撥出許多時間與老婆相處，重新認識自己結褵25年的老婆，還一起飛到國外，去探望仍在國外唸書的一雙兒女。

從此，那抹不時跳出來扎人的落寞，從未再出現在大老闆心中。

語言中的珍珠

捨棄短暫空虛的享樂，追求恆久真實的快樂。

生活，可以簡單，也可以變得很複雜。

生活本身就是由一連串事件構成，我們活在其中，能不被誘惑，好好
過自己真正想要的生活，並不容易，但卻值得我們努力朝這個方向不
斷努力。

外在的價值觀一直在變且充滿陷阱，買名牌、住豪宅、開跑車，這些
東西本身並無優劣之別，但並不是每個人真正的需要，大多時候只是
錦上添花的物質享受。

如果因為這些東西，而捨棄我們最珍貴的親情、健康、自尊，那就真
的太可惜了。

「放棄」，
有時是為了「大步前進」

> 二十歲時受意志統治，三十歲時受智力統治，四十歲時受判斷力統治。
>
> ——富蘭克林
>
> 生命如同寓言，它的價值不在與長短，而在與內容。
>
> ——塞涅卡

　　他是個認真的人，自從研究所畢業後，立刻進入大企業工作，從事人人稱羨的研發人員一職。他每天力求上進，十分努力工作，不管是上司或同事都對他讚譽有加。

　　工作5年後，他慢慢發現自己的職位，似乎始終在原地踏步，具有野心的他，一心想往更高的地方爬，於是，他開始到處學新的東西，包括：公司提供的語言訓練，他一口氣學了英文、日文，和西班牙文。

　　除此之外，他還努力考取在職專班的企業管理課程，結交了不少新朋友，日子過得充實又緊湊。直到有一天，他突

然莫名感到一陣心慌跟焦慮，於是又到外面加強英文，還另外學了機械相關課程，生活忙到常常連吃飯的時間都沒有，還得趁課程中間的休息時間進食。

不管他怎麼做，心中彷彿就是有個永遠填補不了的大缺口，就算他已經把所有空閒時間塞滿學習課程，仍舊無法抵擋那種迫切又焦慮的情緒。

因為過度勞累，他的精神狀況越來越差，連帶學習能力也跟著下降，在職專班的老師，見他情況越來越不對，便約他一起爬山。他心想，連休息時間都不夠，怎麼還有時間去爬山？

老師看穿他的想法，於是對他說：「我知道你現在是什麼情況，以前我也跟你一樣，想知道自己是怎麼了，就跟我一起去爬山吧！」他答應了，並相約爬山前一天一起去採買所有物品。

為了準備周詳，他買了登山用大背包、三天份量的食物跟水、齊全的醫藥箱、保溫的厚夾克、高熱量救命食物……零零總總塞滿整個背包。

老師看了，沒說什麼，只是笑了笑，叮嚀他今晚要記得睡飽一點。到了隔天，他才爬到半山腰，就累得氣喘吁吁。

老師看著他，笑問：「你還走得動嗎？」他猛搖頭，直說：「不行，背包太重了，我累得走不動了。」「那你想繼續往上爬，還是就累死在這裡？」「當然是往上爬！」「那你還在等什麼？」

他聽了老師的話，狠狠愣了一下，才把背包放下，**取出過多「不需要」、因「焦慮」而購買的大量物品，一身輕便隨老師登上山頂。**

下山後，他立刻退掉多餘的課程，只留下英文課程與企業管理課程兩門課，用心學習。不久後，主管職位出現空缺，他因為拿到企管學位又擁有流利的外語能力，再加上平日積極又精神奕奕的工作表現，順利拿下自己想要的職位，從此一路往上升職。

 語言中的珍珠

世間事物何其多，如果通通想放進自己的人生裡，似乎是不可能的。如果強硬行事，反而可能有害自己的生活，忙碌一生，卻全無一精通，到頭來，只換來空忙一場。

人活在世上，有得必會有失，有時候放棄某些事情，不是因為被打敗，而是為了更能昂首闊步、大步向前！

玩樂天堂

> 快樂的秘訣就是：千萬不要讓你的精力停止轉動。
>
> ——富畢卡索
>
> 天下之事常成於困約，而敗於奢靡。
>
> ——陸遊

　　兒子畢業了，父親要他到公司幫忙，還要他從最基層的員工開始做起，兒子做了兩天就覺得乏了，第三天就沒到公司去，媽媽知道後，立刻找上兒子談話：「兒子啊，你怎麼不趕快出門去上班？」

　　「媽，妳知道爸有多誇張嗎？我是他兒子，結果他居然要我從最基層做起，我得每天到百貨公司裡去，做一個小小營業部門的助理，還得把進駐公司的所有廠商全都背下來。」「可是兒子啊，這是你爸給你的試驗，現在多少人畢業後要找份工作還不容易，你怎麼這麼不珍惜呢？」

　　「我沒有不珍惜，可是要我當個小小營業部門的助理，會不會太誇張？每天把我累得半死，薪水又少。」「如果不

工作，你現在想做什麼呢？」「媽，我還年輕，還想玩，如果可以天天玩樂的話就好了，就像小時候那樣最好！簡直就像在天堂一樣。」

後來，父親回家，把兒子叫到跟前臭罵了一頓，還說了一些難聽的話，年輕氣盛的兒子哪禁得起人家激他，立刻衝回房間收拾衣物，一副打算要離家出走的模樣。父親見狀，氣得立刻破口大罵：「出去最好，沒有想清楚你最好別回來！」兒子「砰！」的一聲關上大門。

媽媽手裡拿了一張現金支票追出去，交給兒子，上頭寫著10萬塊。兒子離家後，很快找了一間房租下，又買了一些傢俱布置新家，最後還找來朋友天天喝酒、唱歌、聊天，把所有以前必須在父親面前有所節制的行為，通通一次做個痛快、盡興！

媽媽透過管道，跟他聯絡上，還不斷給他送錢過來，一天，兒子問媽媽：「媽，為什麼妳願意一直給我送錢過來？」「因為你上次跟我說，如果可以天天玩樂的話就好了，就像小時候那樣最好！我決定給你最好，你就放心地玩吧，媽媽會按時給你送錢過來」。

所有的朋友都很羨慕他，認為他擁有全天下最棒的媽媽。逍遙、專心玩樂的日子才過了兩個禮拜，他就受不了，

頻頻打電話給媽說：「媽，我想回去工作，這種每天無所事
事的日子，一點也沒有想像中好玩，我覺得自己快無聊死
了。」

「不行，不行。我已經決定了，既然你父親把你狠心
趕出去，我就會挺你到底，放心，媽媽會準時給你送錢過
去。」又過了一個禮拜，兒子再也受不了每天渾渾噩噩的生
活，回家向父親請罪，開始認真的從基層做起，而且表現相
當優異。

父親把兒子在公司的表現告訴老婆，只見老婆神祕地笑
笑，說了句：「**我們以為的天堂，其實往往是地獄，只
有真正嚐過滋味的人，才能體會出箇中不同。**」

🐦 語言中的珍珠

玩樂固然開心，但必須建立在辛勤工作之上，如果鎮日
無所事事，只需玩樂，反而會讓人感到疲累、無聊，因
為玩樂的本身只是放鬆，但我們需要「熱情」、「投
入」，以及「付出」來刺激生命。熱情工作的生活，猶
如一線噴泉，總是會帶給我們無窮的樂趣與活力！

哪管得了重不重的問題！

> 偉人，只是有非凡決心的常人。
>
> ——羅勃·舒勒
>
> 勝利者的桂冠，往往從堅持到最後五分鐘的時間裡得來的。
>
> ——牛頓

從前有位禪師，因為需要遠行講授佛法，故帶一名弟子前往，剛出家不久的弟子一路叨唸，一下子說包袱太重，過沒多久又嫌路途太遙遠，此次前去實在太過辛苦，試圖扭轉禪師前去用佛法與眾人結緣的宏願。

禪師不理會弟子的抱怨，依舊精神抖擻、自顧自地往前走。弟子見禪師一心前往，自知這趟遠行是去定了，便立刻更改策略，不斷喊苦、叫難，幾乎每走一公里便央求禪師停下來歇歇腿、喘口氣。

「師父，我走得好累呀，尤其是肩上這個包袱，實在好重啊！行不行先歇歇腿再走？」禪師聽了，不說話，只是搖

搖頭，依舊挺直腰桿、行如風似的往前趕路。弟子叫苦連天，只怪禪師太過不近人情，居然這樣著急地趕路，他心中暗想，這佛法天天都能說，有必要急於這一時半刻嗎？禪師也未免太過看不開，把自己逼得這樣緊，還連帶累苦了他！

有一天，禪師經過一個熱鬧的市集，偷偷先將銀兩放到賣饅頭的攤子上，接著抓了兩顆白通通的饅頭，轉身就跑。

賣饅頭的小販，一看見有人拿了自己的饅頭，卻沒給自己銀兩，立刻著急地張嘴大呼：「有賊啊！這個出家人手腳不乾淨，偷了我的饅頭呀！」眾人一聽，有出家人不守戒律，居然敢偷饅頭，馬上幫著賣饅頭的奮力追趕。

弟子眼見賣饅頭的幾個壯丁，正氣沖沖朝自己和師父跑來，嚇得立刻跟在師父身後，邁開雙腿飛奔起來。師徒二人跑過市集、跑離了村落，直到許久之後，賣饅頭的才終於放棄追捕，這時，這對師徒早已經跑過好遠、好遠。

師父注意到早已後無追兵，但忙於狂奔的弟子不知情，又硬生跟著多跑了好些路才停下來。

禪師轉身，看著氣喘吁吁的弟子，心平氣和地問：「現在覺得累嗎？」弟子回答：「師父，我現在不感覺累，但喘得很」！

禪師點點頭，又問：「那你剛剛在跑的時候，還覺得行
囊重嗎？」弟子又喘了兩口大氣後，才開口：「剛剛我忙著
逃命，哪管得了重不重的問題！就算要我扛著師父您一路快
跑，也非得堅持住不可啊！」

 語言中的珍珠

很多時候，我們已經啟程走在某條路上，卻因為對自己的
信心不夠，或專注力不足而倍感壓力，一旦心有疑慮，做
起事情來，必定會事倍功半，除此之外，還會衍生出許多
抱怨與心理疲憊。

如果心頭抓得穩，再加上擁有非做不可的強大意志，不管
再大的困難或任務，一定都能傾盡全力、做出一番漂亮的
成績！

做出決定，往往只是一時的事，但要能夠不怕任何艱難的
險阻，一心堅持到底，不至於在事情圓滿達成前功虧一
簣，就必須仰賴自己堅定的心。

拿了一手「爛牌」，不代表不會有「好人生」

成功秘訣其實很簡單，那就是——無論如何，我都不允許自己有任何灰心喪志的念頭。

——愛迪生

不要問成功的秘訣到底是什麼，請傾盡全力做自己應該做的事吧。

——美華納

　　他出生在一個貧困的家庭，父母雙亡，只有撿紙類回收的奶奶與他相依為命。他立志要賺大錢，讓奶奶過上好日子。他拼命讀書，成績亮眼，一路半工半讀直到大學畢業，教授鼓勵他到國外留學，並打算為他申請全額的學費，卻被他婉拒。教授困惑地問他：「這種機會不是人人都有，你為什麼不願意接受？」

　　他回答：「奶奶為我付出她的一輩子，現在奶奶年事已高，我只想好好、趕快孝敬她，能夠到國外留學是件很棒的

事，但不出國，只要有心，我相信自己依舊可以闖出一片天。」教授聽了，只是嘆息。

認為自己最聰明、最用功、最有前途的學生，給自己的人生，選了一個最不明智的選項，心中不免充滿惋惜。

他大學畢業後立刻就業工作，白天在出產LED燈的工廠工作，不但用心工作，還時時觀察老闆的行為處事、公司決策與制度的訂定。晚上回家後，盡心盡力照顧奶奶，等奶奶入睡後，還不斷進修LED燈各種可能與各國報告，利用有限的生活餘額，購買相關材料，不斷自行研究。

因長期長時間工作，休息時間緊縮，有天他生了一場大病，終於徹底病倒了。這場病，讓他在病床上思考了很多，同時認為自己開設公司的時機，已經成熟，於是便向銀行貸款開了一間小公司。

因為技術夠、眼光準，公司越做越大，再加上市場需求量慢慢變大，幾年後，他手下的公司很快擴增為6、7間公司與工廠。他知道人才的重要性，大為延攬學成歸國的人才來為自己效力。

10年後，在某次傑出校友的聚會上，他遇到昔日願意提拔自己的教授，教授問起他的近況。他謙虛一笑：「沒有

辜負教授當初對我的期望。」教授一問後，才知到昔日的窮
學生，已是今日的大老闆。

 語言中的珍珠

如果當初他接受教授的引薦，到國外留學，今日可能是
某位老闆手下雇用的研發人員，而非老闆。

奶奶的存在，也許令他錯過某些外人看起來十分珍貴的
機會，但人的一生是很長的，故事沒有發展到某個階
段，實在很難分辨哪個決定孰優孰劣。

苦難總是不斷出現在我們身邊，並非人力可以控制，但
我們可以盡量避免遺憾的事情發生。

愛迪生在發明電燈泡時，經歷無數次的失敗，當他的助
手看著失敗的試驗，垂頭喪氣地嘆氣說：「唉，一直失
敗。」愛迪生卻反而樂觀地笑著說：「誰說的！我們知
道這種材質也不適合，又往成功更靠近一步了。」

困難、失敗、苦難容易讓人喪志、沮喪、惋惜，但也同
樣能讓人變得更勇敢、樂觀、堅強，最重要的是要懂得
在黑暗中，如何摸索出光亮的出口。

真正的窮人與真正的富人

> 走你的路吧！不必理會別人怎麼說。
>
> ——但丁
>
> 忍耐和堅持雖然是令人感到痛苦的事，卻能慢慢的為我們帶來意想不到的好處。
>
> ——奧維德

　　「真正的窮人」跟「真正的富人」是國小同學。從小，「真正的富人」住在頂樓加蓋的鐵皮屋裡，一路半工半讀念到大學畢業，畢業後，到一家公司任職，每天認真工作，存到房子的頭期款後，便成家立業，結婚不到五年，已經育有一女一子，一家四口快樂地住在20坪大的房子裡。

　　他對未來的生活充滿憧憬，希望能趕在兒女長大前，換一間更大的房子，好讓家裡每人都能擁有一間房。

　　他每天辛勤工作，就算加班回家時兒女都已經入睡，他還是會到他們的房間裡，摸摸他們的額頭，親親他們的臉頰，才微笑著回自己房裡入睡。

別人說他都沒有一點自己的時間，他卻不以為然，依舊每天開心地上班工作。休假時，還會找機會帶一家大小出門去玩，非常重視家庭生活與家人間的親密。

日子就這樣嘩啦啦過了30年，直到兒女長大成人，自己也從職場上退休下來。

他利用工作經驗和存款，開起一間小店，每天過得忙碌又充實。直到有天國小同學會，有人問「真正的富人」：「都已經60多歲了，幹嘛還這麼拼？」他紅光滿面，笑笑地回答：「60多歲有60多歲的活法！我四肢健全、頭腦還算靈光，不動一動，難道要我開始等死嗎？」

這時，「真正的窮人」一臉委靡、情緒低落的朝大家走來，大家乍見時，心裡猛然一驚，以為小時候家裡擁有數億資產的老同學家道中落，如今才會精神不濟。

一問之下，這群許久未見的老同學們，居然從「真正的窮人」口中得到這樣的答案。「家產都還在，只是我的生活實在好苦啊！」眾人一聽，更加不解，心裡頭同時浮起相同的問號。既然不是沒錢，「真正的窮人」到底在苦些什麼？

「真正的窮人」先深深嘆口氣，才愁雲慘霧地緩緩道來：「你們不知道，我畢業後進入家裡的公司工作，被人在

背後指指點點說我沒有才，只有財，我聽了好生氣，後來娶
妻結婚，又有人說我老婆是為了錢，才跟我結婚，我聽了好
沮喪，沒想到後來她真的離我而去，之後又結過幾次婚，都
以離婚收場，最後我得了憂鬱症，開始天天吃藥控制。老天
爺啊，為什麼我的人生會這麼不順呢？」

 語言中的珍珠

不曉得大家看出來了沒有，「真正的窮人」與「真正的富
人」之間的差別？「真正的富人」心中永遠有目標，可能
是自己在乎的家人、事業、家庭，或者是自己「活到老動
到老」的念頭，努力提升自己、一步步去實踐自己想做的
事。

但「真正的窮人」空有財富，心中卻無自己的目標，空蕩
蕩的，反而把別人對自己的蜚言流語放進心裡，造成一連
串的不滿、懷疑、憤怒、憂鬱、埋怨不斷從心底冒湧出
來，淹沒自己整個人生。

外在的財富，有時候是老天爺給的，我們無從選擇，但內
在的財富，只有我們自己才能給，這一切端看我們「如何
給自己真正的財富」。

這不只是一張
考了40多次的駕照

如果你不允許，沒有人能讓你覺得自己無能。

——艾蓮諾‧羅斯福

精誠所加，金石為開。

——《後漢書‧光武十王列傳》

　　阿伯做了一輩子粗工，扛了一輩子建料，協助過許多大樓萬丈高樓從平地起，唯一的遺憾是自己大字不識幾個。晚年退休，膝下2個兒子1個女兒都順利嫁娶後，阿伯回到鄉下，平常照顧農地上的蔬菜，中午以前摘下當日要賣的菜，騎車到市區內，青菜一把10元這樣賣。

　　每天都會待到傍晚6點多，把菜賣得差不多，才又騎車回古厝老家。一天，阿伯騎車時，不小心與人擦撞，警察先生要阿伯跟另外一位機車騎士，一起出示相關證件。另外一位機車騎士很快拿出證件，阿伯卻遲遲沒有動作，警察見狀，便問：「阿伯，啊你ㄟ駕照咧？」阿伯臉色發窘，尷尬

地大聲說：「我沒有駕照啦！」警察聽了，搖搖頭：「阿伯，騎車怎麼可以沒有駕照？這是違法的事。」

　　阿伯聽了，氣得大吼大叫：「我這輩子從來沒有做過壞事，以後也不會做，哪裡違法！」阿伯因為沒有機車駕照，所以在這件事中吃了很大的虧。從此，阿伯立志要考到駕照為止。家人知道後，全都很擔心阿伯的狀況，一致認為大字不識幾個的阿伯，怎麼可能有辦法考到駕照？於是力勸阿伯放棄。

　　果然，阿伯連續考了20多次，通通都沒能通過駕照考試。阿伯很失望，但心裡更介意警察先生對他說的那句「違法」。適逢學校放暑假，女兒跟老公忙於工作，沒時間照顧小孩，就把外孫送來鄉下給阿公帶。自從孫子來了之後，阿伯不敢無照騎車載孫子，怕有人在孫子面前說自己違法。

　　阿伯最後決定乾脆不去賣菜，孫子寫暑假作業，自己唸書，一次又一次準備駕照考試，有時候看到不懂的字，還可以趁機問問孫子：「孫仔，這個字是什麼？」孫子一手捂著嘴，偷笑著回答：「阿公，這是『紅』，紅綠燈的紅。你不知道喔？」

　　阿伯點點頭，趕快用自己的方式記下這個字，一面回答：「阿公就是不知道啊，你要認真唸書，不識字真的很不

方便吶！」暑假過後，女兒來接兒子回台北，看見因以前扛
重物而手指變形的年邁父親，吃力握住小小的筆桿，皺著眉
頭，認真拿著考駕照的書籍，唸過一遍又一遍，心裡猛然一
陣酸澀，暗中祈禱父親能順利考取駕照。

　　孫子回台北後，女兒每星期打電話關心父親，直到2個
月後，終於從父親興奮的語氣裡聽到好消息。「明年孫子放
暑假，妳再讓他來，我騎車載他到處去逛逛。」

語言中的珍珠

考試內容大致固定，但人因學習，總會一點、一點進步跟
前進！

阿伯學習雖慢，又因為不識字，加大考取駕照的困難，所
幸機車駕照考題有限，所包括的知識固定在一定的範圍
裡，阿伯孜孜不倦、持續學習，最後仍舊順利考取一般人
眼中的「不可能」。

一件事情的促成與失敗，通常經由許多因素堆積起來，但
最本的關鍵是「自我意識」。自我意識做出的決定，會影
響我們的行為，而這個行為又會帶來期待中的結果。

別人打算怎麼看我們，是他們的事，重要的是──千萬別
讓別人對我們的看法，限制住自己的發展！

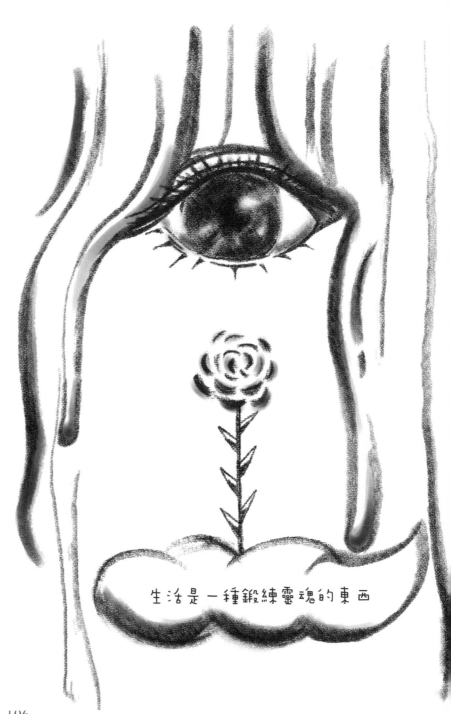

生活是一種鍛練靈魂的東西

誰才是真正的人生藝術家？

> 每一個人都是自己命運的建築師。
>
> ——沙拉斯特
>
> 希望的燭火一旦熄滅，生活霎那間將變成一片恐怖的
> 黑暗。
>
> ——普列姆昌德

　　奶奶已經80歲，自從爺爺過世後，她最常掛在嘴邊說
的一句話就是：「我覺得自己好像被拔掉插頭，做什麼事都
提不起勁。」大家為了這件事，變得非常憂心，幾個奶奶的
朋友，也都紛紛表示奶奶最近吃得很少。

　　以前，奶奶跟幾個老朋友聚在一起聊天、吃各自做來的
菜時，就屬奶奶玩得最起勁，但現在奶奶卻常常一口未動，
就說覺得累了，想回去休息。

　　有天，孫女帶著一頂紅色的編織帽去看奶奶，正巧奶奶
的朋友們都在，每個人都誇孫女頭上的紅色帽子很漂亮，還
取笑說孫女是小紅帽來看奶奶，卻忘了帶小竹籃來。大家故

意說說笑笑，想逗奶奶開心，只見奶奶不發一語，坐在椅子上，孫女朝奶奶走過去，蹲在她面前，仰頭問奶奶：「奶奶，我來看妳，妳不高興嗎？」

奶奶對孫女搖搖頭，眉頭緊皺，過了一會兒才說：「妳這個帽子好看歸好看，但是耳朵這裡的線條差了一點，這裡應該要稍微彎一下，才會漂亮，還有這個顏色，可以再更鮮紅一點。」奶奶才說著，孫女便取下帽子交給奶奶，奶奶的朋友們也跟著幫腔。

「妳會做嗎？」「說得當然比較容易。」奶奶聽了，也不生氣，默默起身回房，拿出編織的工具，開始幫孫女把帽子的型樣做修正。做完後，在眾人驚訝的視線下，奶奶驕傲地抬高下巴。

後來，孫女試著把帽子放上網路去賣，結果居然有十多人詢問，四個人下訂單。孫女興沖沖跑到奶奶那裡，請奶奶幫忙做帽子。奶奶起初不肯，後來孫女騙她如果交不出貨品，自己在網路的信用會大打折扣，奶奶怕自己會害到孫女，很快便答應幫忙編織帽子。

當孫女把第一筆收入交到奶奶手裡時，還可以看見奶奶驚訝又欣喜的表情，嘴裡嚷嚷著：「這樣也能開店？」後來，孫女徵求奶奶同意，開始在網路上放些她製作的小東西

販賣，沒想到反應都還不錯。於是，奶奶不但開始重新活動起來，還時常設計出一些別有新意的小設計，雖然稱不上賺大錢，奶奶卻因此重拾對生命的熱情！

　　現在，奶奶常掛在嘴上的話，不再是「我覺得自己好像被拔掉插頭」，而是「我覺得自己好像又重新活過來一次」！

 語言中的珍珠

> 歲月可以帶走生命，但帶不走生命力；時間能帶走年輕的肌膚，卻帶不走滿腔熱情；死亡會帶走陪伴，而無法帶走再次燃起的希望。
>
> 人的心態固然重要，但千萬不要忽略了「行為」可以為生活帶來的改變。尤其當身邊有親人陷入悲傷時，時間其實無法帶來改變，只有「行為」才可以帶來改變。
>
> 當身邊有人驟失生活的重心時，與其勸她不要再傷心，倒不如幫著她，一起再找到生活中的另外一個重心。
>
> 人的生命，不是只有吃飯、睡覺而已，真正能讓人感覺自己真實的存在，且熱切感受到自己還活著的是——對某件事情所投注的熱情、專注，以及用心！

選擇是糖，也是毒

生活，是「鍛鍊靈魂」最棒的東西。

——勃朗寧

了解自己的「內心世界」，我們會驚覺一切的奇蹟都在那裡。

——培根

女兒要結婚，媽媽站在服飾店裡，猶豫著該選哪一件禮服，才能穿得體又漂亮。在試穿過那兩件衣服後，媽媽仍舊遲遲無法做出選擇，一臉苦惱地站在原地，對著兩件衣服發愁。

女兒見狀，立刻走過來詢問：「媽，怎麼了？」媽媽求救地看女兒一眼，嘆了一口長長的氣，搖搖頭：「怎麼辦？我都不知道該選哪一件才好，紅色漂亮，黑色大方，我好難做出決定啊！」

「媽，就選妳比較喜歡的那一件就好啦。」「可是問題是這兩件各有千秋，妳叫我怎麼做決定嘛！還有，萬一我選

錯了，跟妳婆婆顏色一樣，那可怎麼辦才好？」女兒聽了，
知道媽媽不但要挑自己喜歡的，心裡還掛念著不能跟未來的
婆婆穿一樣的顏色。於是，女兒對媽媽笑了笑：「如果顏色
一樣，我們可以說你們默契真好，居然選了相同的顏色，以
後我們兩家人一定可以和睦相處。」

「那如果不一樣呢？」「那更好，一樣用『默契真好』
來解決就可以了，我們可以說，妳們心有靈犀，避開了撞色
的疑慮。」媽媽一聽，立刻眉開眼笑，拋掉了無法預知的顧
慮後，她很快聽從心裡真正的渴望，選了紅色的衣服購買。

婚禮當天，兩邊親家一人穿紅色，一人穿黑色，大家都
說，全天下最好的顏色都讓他們家給穿去了，一切圓滿。不
料，婚後沒幾天，女兒回家探望媽媽時，看見媽媽愁眉苦臉
地抱著那件衣服，坐在椅子上，臉上盡是懊悔神情。

女兒一問之下，才知道，原來媽媽的朋友有人看過相同
的衣服，價格卻比媽媽購買的便宜，心裡正在捨不得那些多
花掉的錢。

女兒坐到媽媽身邊，拿開那件禮服，把媽媽的手握進自
己手裡，看著媽媽，滿臉微笑說：「媽，等一下妳女婿要請
妳吃飯，妳也要這樣愁眉苦臉、繼續不開心下去嗎？」「我
也不想啊！可是一想到那些錢……我的心就會痛啊……」

「媽，妳只想到那些錢令妳心痛，但妳有沒有想過，為了那些已經失去的錢，妳又另外多付出了現在的心痛。說不定，還會影響到等一下的聚餐，讓妳食不知味，白白浪費了美味的食物和大家難得相聚的機會。如果真的變成這樣，那才真正叫做得不償失吶！」

 語言中的珍珠

在人一生漫長的歲月裡，真理與事件其實都很簡單，也很單純，是「人的心」，讓這一切變得極為複雜。

做出選擇前，猶豫不定，心中忐忑不安，做出決定後，又得時時刻刻嚴防自己做出的決定，反頭回來傷害了自己。

在我們的生活中，不斷有許多大大小小的選擇，等著我們做出判斷。

做出對的決定，用比較便宜的價格買得東西，固然高興，但一旦買貴了，其實也無須太過懊悔，就當作是種佈施，讓辛勤工作的人們多賺一點，不好嗎？

要懂得適時運用智慧，換個角度去想事情。

千萬別當最傻的人，像故事中的媽媽一樣，不僅多花了錢，還差點賠掉自己的好心情、一頓美食和家人相聚的快樂。您說，對嗎？

不是每個問題都有「答案」，而且答案常常會「遲到」

眼下，先把問題擱著吧。或許久而久之，在不知不覺中，你就這麼漸漸步入了答案裡。

————理爾克，德國文豪

一個人應該養成信賴自己的習慣，即便在危急的時刻，也要持續不斷相信自己的勇敢與毅力。

————拿破崙

我們常常陷在一些無解的問題裡，執著、糾結、停滯不動，彷彿這個問題不徹底解決，人生便無法繼續往下走下去。

或者，帶著一個「無解的問題」過生活，就會覺得自己的人生彷彿拄著拐杖過生活，無論做什麼事，都被一個什麼東西給絆住，心裡總是不快活。

曾經聽過一位日本禪師的故事，他面對問題的精妙之處，便是能「自在」與問題一起過生活，直到事情自己水落石出的那一天。禪師，原本便是一位有名望的人，許多人喜歡前來聽他講禪，以獲得星點般的人生智慧光芒。

　　某天，一名未婚懷孕的少女，生下孩子，因為無法也無力獨自扶養，便動了想將孩子遺棄的念頭。少女遺棄孩子的動機，是出於「自己無能撫養」以及「希望孩子能順利活下來」，並非惡意遺棄，於是，托兒的對象必須慎重考慮。

　　對象最好要能被信任，又要有慈悲心，以免自己的孩子遭遇苦難，少女思前想後，終於想出一名最佳人選！這個人修養好、腦袋好、聲譽好，重點是──慈悲心一定夠。於是少女決定，托兒對象就是禪師本人。少女將孩子放在禪師寺院的門口，直到禪師開門發現後，才轉身離開。

　　一名禪師身邊帶著一個嬰孩，實在夠引人非議了吧？用現在新聞炒作的方式，這條新聞大概會整整燃燒一個禮拜，把禪師祖宗八代跟來龍去脈交代得清清楚楚。

　　經過一番詢問，自然無人肯承認這孩子是她的，眾人逼問禪師，其實也問不出個所以然來，因為禪師本人所知也相當有限，大抵就是某天想要出門托缽，偶然在門口發現這名強褓中的嬰孩。如此平淡無奇的回應，自然無法滿足眾人求

知若渴的欲望，於是，各種版本的故事開始紛紛出籠。有的
人覺得禪師很可憐，無緣無故跟這種事扯上邊；有人覺得禪
師很可惡，八成是他破戒跟女人搞上，又懷了孕，現在連孩
子都送過來了，還死不肯承認；也有人覺得禪師很可悲，既
然六根不淨就還俗，讓自己卡在中間又是何必？不管真相如
何，禪師的名聲算是毀了。

原本被眾人捧得高高的禪師，一夕之間成為六根不淨的
和尚，每次禪師一出現，必飽受眾人白眼跟指指點點。眾人
不來找禪師，沒關係，禪師可以閉關修行，但禪師不能不去
找眾人，因為身邊有個剛出生沒多久的孩子，需要餵食。

於是禪師抱著孩子，遭受路人異樣的眼光跟嘲弄的態
度，挨家挨戶求大家幫忙哺育這個孩子，幾家婦人見孩子可
憐，便答應幫忙。

多年後，孩子慢慢長大了，因為父母不詳，一直待在禪
師身邊。禪師默默接受命運的安排，大抵也心中有數，孩子
的父母大概有苦衷，才會把孩子放在寺廟門口，從未主動調
查過孩子的出生來歷。命運有時候雖然殘忍，但仍會還給人
一個答案，雖然這個答案往往是遲來的正義。

一日，一名婦人前來寺廟，看著禪師身邊長大後的孩
子，痛哭失聲，直說這名孩子是她的。這一驚，非同小可，

曾經鬧得沸沸揚揚的禪師生子案，眼見就要上演真相大白，村人們奔相走告，全都湧進寺廟裡。

婦人娓娓道來過去的點點滴滴，一切水落石出，終於還禪師一個清白。禪師聽完婦人的解釋後，看著眾人帶著羞愧、抱歉的眼神，點點頭，淡淡說了句「啊，原來如此。」自此之後，禪師的名望更加廣為流傳。

語言中的珍珠

一件事情的發生，有時候並不需要前因後果，可能只是身上某個特質，遭致事情發生在我們身上。

想要知道真相，是人的本能，可是命運有時候偏偏不給答案，因為命運往往另有安排。

孩子出現在禪師門口，是一個事件，代表「考驗」即將來臨，真正的考驗不是孩子出現的那一剎那，而是往後多年的白眼與冷嘲熱諷。

禪師心裡很清楚，自己的確是清白的，嘴巴長在別人臉上，別人愛怎麼說，就由他們去說吧，那些髒言穢語大可左耳進，右耳出，只要不流入心裡，他的心依然是一片乾淨、祥和。

能榮辱不驚，是高人。心不隨境轉，是聖人。太多時候，我們太想要立刻知道答案，弄得自己跟身邊的人痛苦不堪，其實只要心知肚明，清者自清，濁者自濁。

禪師的封號，是種加冕，但那只是外在的封號，人們真正的認同，從來就不在那些頭銜上，而是在人心裡。

Chapter 3

堆起高高的失敗，成功就在觸手可及的地方

堆起高高的失敗，成功就在
觸手可及的地方！

用200分功力，穩拿100分

你想過普通的生活，就會遇到普通的挫折。你想過上最好的生活，就一定會遇上最強的傷害。

即使本來有一百的力量足以成事，但我要儲足二百的力量去攻，而不是隨便去賭一賭。

——李嘉誠

現在很流行一種說法。「溫水裡的青蛙」，背後衍生的代表意義：在舒適的環境裡待久，人的生猛意志會被慢慢消磨殆盡，最後陷入危險境地而不自知。

什麼是「溫水裡的青蛙」？

大概的情況是暗喻一隻樂於享受的青蛙，待在舒適的溫水裡，卻不知道底下有火在燒，水溫慢慢增加而不自知，最後陷入一片水深火熱之中。

很多人會羨慕億萬富翁的生活，但一切僅止於羨慕而已。在問自己想要普通挫折，還是史上最強挫折之前，應該先問問自己，到底想要什麼樣的生活？

如果只想平平淡淡過一生，又何必去商場上跟人鬥得死去活來，至於嗎？就算鬥成功了又如何，得到不是自己真心想要的東西，那不是成功，而是惆悵。

在問自己想要普通生活，還是最好生活之前，應該先問問自己，到底什麼樣的生活，才是我們真正想要的生活？

這個答案，不在別人嘴裡，而是在我們心裡。請關閉耳朵這扇窗，打開心靈大門，慢慢靜下心來，問問自己。答案，通常就在「我們心裡」。

合理規劃，等於節省

> 欲望一定要簡單明瞭。欲望太多、太雜或超乎個人能力所及，必然無法實現。
>
> ——喬治·S·克拉森
>
> 合理規畫時間，等於節省時間。
>
> ——培根

「我想要買房子，不用太大，基本上夠用就可以。」

「我也想要存一筆錢，大概存個幾十萬，或者一百萬？」「我的支出幾乎每個月都爆表，是個名副其實的月光族，我想改變，但不知從何做起？」

「真想砍掉不必要的支出，現在月薪兩萬多塊，光是房租就去掉一半，真的好可怕，我到底要什麼時候才能存到錢？」「真想出國旅行，可是我現在沒錢沒閒。」

　　以上是朋友Angelia最常說的話，同樣的話已經重複三年，如果沒有拿出一點具體行為上的改變，估計以後大約還會繼續聽見同樣的話。

　　「同樣的話已經重複三年」背後代表一件事：**這些欲望始終沒能實現，如果已經實現，那麼應該會對自己有新的期許才對。**

　　我們先一起來看看Angelia到底出了哪些問題，為什麼一樣的話，可以整整說了三年都不用換？欲望太多：要買房、存錢，還想出國旅遊。欲望太雜：要買房、存錢、出國旅遊、不想當月光族、發現房租吃掉辛苦賺來的薪水一大半。

　　最後要問的是──這些欲望，真的是自己能力所不能及的嗎？Angelia的欲望，看起來有點雜亂無章，心裡似乎也沒個底，例如：Angelia想存錢，卻不知道自己想要存多少錢才覺得夠。

　　其實，只要大家仔細看，就會發現Angelia所有的欲望，都指向一樣東西：錢。**管好錢，就能實現Angelia大部分的欲望**。要買房、存錢、出國旅遊、不想當月光族、發現房租吃掉辛苦賺來的薪水一大半，想要一次滿足這些欲望，首先要做的第一步，也是最重要的第一步，就是：「開

始存錢」。只要踏出第一步，不想當月光族的欲望，就可以得到實現。

第二步最重要的問題，就是「要存多少錢」才夠？**存錢不是「有存就好」，存五百塊是存錢，存五十萬也是存錢，但如果只有「數字」，沒有「目標」，這筆存款意義通常不大，也不太容易真正能把錢存下來。**

想要扎扎實實存下錢，將「目標」和「動機」相互結合最好！這個問題，我們可以借力使力，跟「買房」這件事互相結合，將會收到非常好的效果。

首先，買房需要頭期款，頭期款就是我們下定決心「要存下的錢」。這部分必須量力而為，如果太超乎個人收入所及，將會成為一個永遠也到不了的數字。

有了明確的「存款數字」，還加上「目標」、「動機」，等到我們把頭期款存到手，就可以開始進行買房這件事。一但買下房子，就可以一次滿足自己「要買房、存錢、不想當月光族、發現房租吃掉辛苦賺來的薪水一大半」多個願望。

欲望可以多，可以雜，因為人生本來就有許多面向，我們不可能一次只有一種欲望。

重點在於：要找出這些欲望的「共同根源」！

這有點像柯南辦案一樣，想找出犯下多起案件的兇手，第一件要做的事，不是開始設想兇手的犯案手法，而是多起案件的共同特點是什麼，只要抓出這個施力點，棘手的事件將會慢慢被抽絲剝繭開來。

例如Angelia的例子，踏出「開始計劃存錢」這一步時，Angelia雙腳已經踩在實現大道上。

別擔心自己的欲望又多又雜，只要聰明看透每一項欲望背後的本質是什麼，化繁為簡，把所有力量集中猛攻，每一個欲望，都有被實現的一天！

智和愚是虛線關係

大勇若怯，大智若愚。

——蘇軾

有不少朋友，相當重視「及時行樂」，及時行樂本身是件好事，卻往往被用在錯誤的事情上，導致令人痛苦的結果。

朋友A每天都在注意時尚流行，香奈兒新款春裝已經上市，拼破頭，也要給自己買上一件；或者愛馬仕的包包很漂亮，花大錢還要排隊也沒關係。

給自己買上一個，看起來很稱頭；知名義大利餐廳，食材跟主廚都從義大利直接空運來台，稀奇稀奇，一餐吃掉六千多塊也沒關係，照樣每月登門消費，一吃成老主顧；老

公奧迪車開膩了，突然說要換成賓士，朋友A二話不說馬上給他按讚，表示自己滿心的支持。

朋友B每天都在注意物價指數、股票漲跌、房價趨勢，衣服跟包包是她上次一月中去米蘭旅行時買的，樣式很新，質感很好，價格只有朋友A的一半，到機場時，還可以退關稅，硬生生又把價格再往下殺掉一成以上。

為了健康跟營養均衡，朋友B自己煮食，久而久之，竟練就一身快、狠、準好廚藝，天天PO上網跟人分享，自己煮食居然還能煮到出書，額外收入再添一筆，人生精彩經歷再添一樁。

多年後，朋友A依然維持一樣的生活，朋友B開始買房，拿「資產收入」過生活，成為真正的「經濟自由人」。多年後，朋友A無預警被裁員，老公開始放起無薪假，生活陷入恐慌之中。

朋友B主動跟老闆提辭職，當老闆問起B為什麼辭職時，B回答。「**我已經不需要靠工作來賺錢，其實我不是要辭職，而是要退休，接下來我打算專心享受人生，好好開心地度過屬於自己的每一天。**」

大勇若怯，大智若愚。大富若窮，大窮若富。

別急著吃蛋

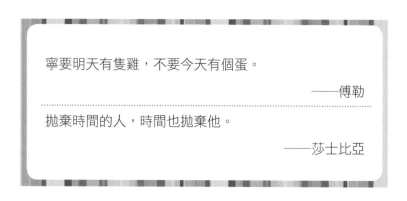

寧要明天有隻雞，不要今天有個蛋。

——傅勒

拋棄時間的人，時間也拋棄他。

——莎士比亞

　　做任何事，都要把眼光放遠，不只要考慮今天會如何，還要同時考慮到那麼明天呢？後天呢？甚至是一年後，十年後呢？

　　我們可以把這句話，拆成兩組來看看，假想有兩位「喝粥族」人民，兩人同時意外獲得一顆蛋，一個人決定吃掉，是吃蛋組，另一個人決定不吃掉，是孵蛋組，也就是「明天有隻雞組」，看看會造成什麼不同的結果？

10 生命成長的關鍵，
不在於樂觀心境本
身，而是樂觀的人很
容易找出事件意義。

——強納森、海德特

【吃蛋組】

今天有個蛋，固然很好，我們可以把它敲開，丟進鍋裡做成荷包蛋，好好飽餐一頓，補充點蛋白質。一邊吃，一邊大唱今朝有酒今朝醉，明日愁來明日愁，好不痛快！

【孵蛋組，又稱明天有隻雞組】

忍著餓，瞪著蛋，下定決心，不吃就是不吃，喝粥看蛋，等到明天，也許是後天，蛋生雞後，只要再忍一陣子，從此我們每天都將有蛋可以吃。

除此之外，我們還可以一邊吃蛋，一邊再想辦法孵出小雞，等雞長大，雞又孵蛋，等雞老了，生不出蛋時，還可以選擇吃肉，或是賣掉賺點小錢。

以上這個小例子只適用在「喝粥族」身上嗎？請翻到上一篇文章「大勇若怯，大智若愚」。眼尖的朋友，是否已經發現「吃蛋組」的行為模式，跟朋友A有點像，「孵蛋組，又稱明天有隻雞組」，跟朋友B有點像呢？

其實，我們每個月的薪水，就是傅勒口中的蛋。有的人每個月得到很多蛋，有的人卻很少。不過，這都不是重點。重點是傅勒這句話「寧要明天有隻雞，不要今天有個蛋」。每個月手中有多少蛋不是重點，重點是能不能「把蛋變成能下蛋的雞」！

虛榮，是幸福袋上的破洞

知足是天然的財富，奢侈是人為的貧窮。

——蘇格拉底

很難定論虛榮心是種惡行，但是所有惡行都因應虛榮
心而不斷滋長，其實惡行說穿了就是滿足虛榮心的手
段。

——柏格森

知足常樂，慾望無窮。

「財富的多寡」跟「人滿不滿足」是兩件事，財富
多不等於滿足，財富少不等於不滿足。

決定一個人快樂，還是不快樂？關鍵點不在於財富
的多少，而是「我們的心是否滿足」。

但是，如果沒有財富，我們能真正感到滿足嗎？錢不是萬能，但沒有錢萬萬不能。到底財富要多少才夠？到什麼程度又是奢侈？

財富用度，可以分為四種階段：

第一階段：滿足生活「最基本需求」。
想要吃滷肉飯，吃得起，想要偶爾上好餐廳打打牙祭，也吃得起。吃得飽、穿得暖，能夠應付日常生活的基本需求，這就是滿足生活最基本需求。

第二階段：讓人有「安全感」。
住在安全的屋子裡，行走在有秩序的街道上，如果發生什麼事情，有足夠的金錢可以應付，這是金錢提供的生活安全感。

第三階段：能「從事自己喜歡的興趣」。
有的興趣花費不大，例如：釣魚、騎車、看書……前兩項幾乎只要一次性購買後，就可以長時間使用，花個十幾萬，就可以擁有不錯的設備，最後一項也不貴，如果真沒錢，也可以上圖書館借書，完全免費。有的興趣花費較大，例如：旅行、品紅酒……一趟旅行出去回來，就會燒掉好幾萬塊，一瓶酒喝完就完，不過屬於旅行跟品酒當下的享受，無價！從事自己喜歡的興趣，費用可大可小，我們可以依照

自己喜好與收入之間，取得一個最佳平衡點。

第四階段：為虛榮、炫耀、想要而購物。同樣一個
包包，有的一個799元，就很漂亮又耐用，有的一個要價
700,000元，還要排隊等上好幾個月，才買的到。799元的
包包，屬於滿足生活最基本需求，700,000元的包包，則屬
於為虛榮、炫耀、想要而購物。

如果出於個人的生活需求，追求虛榮、炫耀、想要而購
物，其實沒什麼不好，但如果購物的背後動機，只有以上這
三個可能，這樣的人生是貧窮的。

這裡所謂的貧窮，不是個人財富多寡的問題，而是一個
人「沒有自我」的貧窮，因為虛榮與炫耀背後，往往代表一
件事：「我需要別人的認同」。在「我需要別人的認同」
的背後，時常又代表另一件更駭人的事實：「我需要
別人的認同，因為我得不到自己的認同」。

我們無法給自己某種東西時，通常會伸出手，希望
由外在世界獲得內心的需要，不過，很可惜的是——
內在需求的東西，外在世界往往只有「看似類似的東
西」，即使獲得，也很難真正滿足自己。

最大的貧窮，是無知

> 構成我們學習最大障礙的，是已知的東西，而不是未知的東西。
>
> ——貝爾納
>
> 提出一個問題，往往比解決一個問題更重要。
>
> ——愛因斯坦

要賺多少錢，才算富足？存款簿裡要有多少錢，才能安穩退休？

很多人，都喜歡向外在的世界，詢問一個準確的答案，於是，便有以下這些回答。

「人一輩子至少要賺個三千萬，才夠花用。」「大約要存一千五百萬，才有辦法從容退休，享受後半生。」「為了怕突然沒有工作，至少要存下三個月～半年的薪水，以備不時之需。」

　　三千萬、一千五百萬、三個月～半年的薪水，這些都是客觀的數字，以一般狀況來說，並非適用於每一個人。單拿退休這件事來說，因為每個人的需求不一樣，退休前應該存到的金錢數量也就不一樣。

　　65歲的陳先生，平常喜歡打高爾夫球，出入一定要名車跟司機接送，吃飯喜歡吃精緻的餐點、住豪宅、家裡時時刻刻都有人幫忙打掃，維持一定的清潔狀況。

　　現在他的總資產有一億五千萬，遠遠超出一千五百萬，但陳先生認為還不夠，自己無法馬上退休，至少還要再工作10年以上才能夠比較放心。

　　65歲的李小姐，不像陳先生有許多房產，一輩子租屋，平常喜歡不斷學新東西，能和朋友一起吃點自製的小點心，泡杯熱茶，聊聊天，對她來說就是生活中最大的享受。

　　跟陳先生相同的是李小姐也不喜歡做家事，兩人最大的不同在於總資產，陳先生的總資產有一億五千萬，而李小姐存款只有幾十萬，但李小姐已經決定要退休，開始過起無憂無慮的生活。

　　李小姐退休後，選擇住進老人公寓裡，一個月約莫兩萬多塊的費用，採用飯店式管理，每天有人進房打掃，吃飯可

以到一樓餐廳選用，平常生活有許多課程，如：書法、國畫、唱歌……等等課程。

李小姐每月可以跟政府領三萬多塊，扣掉每月兩萬多塊老人公寓費用，每月還可以存下一萬元左右，生活無虞又相當愜意。

時代在改變，以往三代同堂、父慈子孝，才是一家和樂的象徵，但生活在現代似乎並非這麼一回事。

隨著世界全球化，各行各業競爭激烈，還有空中飛人，一年到頭都在全世界各處洽商，別說照顧父母，恐怕連自家的家門都很少踏入過。

未來，我們想選擇用什麼樣的退休方式？除了可以看看以往的人怎麼做之外，最棒的方法，就是把它當成全新的、未知的事情來思考。如此一來，才能活出與眾不同、獨一無二又符合社會新潮流的退休生活。

你若只是失去了財產，你只是失去一點，你若失去了榮譽，你丟掉了許多，若你失去了勇氣，你就等於丟掉了一切。

——歌德

把目光從腳指移向正前方

我們處在什麼位置不要緊，要緊的是我們正朝什麼方向移動。

——麥斯

人生有高有低，有時候站在低處，有時候位在高處，更多時候，我們站在迷失又茫然的十字路口上，失措徘徊。

「看清自己」正處在什麼樣的環境下，但絕不能因此「看輕自己」，因為目前腳下站著的這塊地方，不是我們永遠的棲身之所，**我們的未來，在我們眼睛正看著的地方，不是眼下這塊地方。**

許多億萬富翁的起點，不是億萬富翁，可能從一個不起眼的推銷員開始，也可能資產從負債開始起跳。

他們之所以「成為」億萬富翁，不是與生俱來，而是他們把眼睛投向「想要賺錢」這條路上，並且真的動手去做。想要往某一方向大步邁進之前，不是張開雙腿往前走，而是應該先冷靜下來，好好分析這個方向、這個道路的本質到底是什麼？

例如：想要賺大錢之前，必須先思考金錢的本質是什麼？大量金錢的獲得，也許來自一次精準的判斷，或者是充分掌握某一次商機，便能把自己擠身成為有錢人。從商賺來的錢，又該如何運用，才能幫助自己錢滾錢，邁向不斷累積財富的道路？

出身如何從來不是致富關鍵，許多大老闆都是低學歷，但他們依靠著拼搏的精神、獨到的眼光，為自己人生屢創高峰。求職，要看學歷跟經歷；當公務員，要先跟幾千人一同上考場競賽。但是否致富從來不用看學歷跟經歷，而且更不用考試。

致富關鍵在於是否掌握商機、觀察力是否夠敏銳，還有出手的速度是否夠快！

誰說不需要「想太多」

因為我是人，所以我會杞人憂天。

——東尼。葛聯多

「萬一失敗，怎麼辦？」「如果我今天買了房子，結果明天房價下跌，我又該怎麼辦？」「投資生意有一定的風險，先不說沒賺到錢要怎麼處裡，萬一連老本都賠掉了，不就要喝西北風了嗎？」

Miya現在在新竹工作，前幾年剛到新竹時，正在考慮買房，可是擔心萬一過幾年房價下跌怎麼辦？於是，Miya決定再等等。

一年過去，Miya觀察自己當初想買的房子，慢慢漲價了，心中一面懊悔如果自己當時出手購買，自己現在不僅可

以賺到房子升值的錢，連這一年的房租也都可以省下來，一
面糾結考慮著——自己該不該在這時候買房？

經過幾個月的思考後，Miya決定再等等，多觀察一
下，畢竟這房子已經小漲了一些，說不定明年就下跌了，怎
麼辦？自己是個領死薪水的員工，賺得可都是辛苦錢吶，小
心謹慎總沒錯。

第二年過去……第三年過去……最後，五年過去了。

Miya始終沒有買房，因為跟當初相比，現在的房價已
經高得讓人碰不得了，又因為一路慢慢漲價，Miya更擔心
自己出手購買時，會不會剛好在高點，接著就開始一路往下
掉？Miya的考慮沒有錯，但結果只是引發自己年年不變的
懊悔。

Miya謹慎的態度沒有錯，但只想到負面層次，從未轉
個方向看看，這件事是否有其他可能。例如：Miya買房是
為了自住，不是投資，而且一住很可能就是十幾年，或者幾
十年。

在這漫長的悠悠歲月裡，**其中一、兩年房價下跌，
只要不賣，房價高低其實與Miya無關，真正有關的那
一年，是Miya決定賣房的那一年。**

但Miya卻陷在一種思考陷阱裡，好像只要有一年房價下跌，自己就一定會賠到錢。

借用上一篇文章「我們處在什麼位置不要緊，要緊的是我們正朝什麼方向移動」的道理，例如：想要賺大錢之前，必須先思考金錢的本質是什麼？

相同的，想要買房之前，必須先思考這間房子，對我們本質是什麼？意義是什麼？是投資，還是自住。如果是投資，就有想要在幾年之內脫手的顧慮，所以近幾年的房價漲跌，相對而言，就會變得非常重要。

但如果是自住，就可以把眼光拉遠來看，不要看近幾年房價升漲的空間，而要看它長期的增值空間。只要在這漫長的幾十年裡，有一年房市狀況特別好，就可以考慮出手賣出，賺取房子的增值利潤。

人人都會煩惱，也都會杞人憂天，重點是我們必須把這股力量，化成讓我們主動了解市場的動力，而不是怯步的可怕主因。

別讓拖延，拖垮整個人生

有些事情，是不能等待的。

假如你必須戰鬥，或是在市場上取得最有利的位置，

就不能不衝鋒、奔跑和大步行進。

——泰戈爾

今天該做的事沒做完，不管明天多早做完，都是耽誤

了。

——裴斯泰洛齊

有人的等待，宛如猛獸暗伏，雙眼已經盯緊獵物，只等最佳時刻，便要一躍而出，發動猛爪攻擊。有人的等待，宛如星辰日光，雙眼已經一片灰濛，苦苦等待時機，盡量按兵不動，每天磨刀霍霍，只等殺出的那一刻降臨。

這兩方都在等待，一方等待出擊，另一方往往只是純粹等待。

Miya的等待，屬於後者。更深入一點來分析，Miya遲遲不敢下手買自住房的原因，不是因為懶惰，不是因為無知，而是「資訊量不足」。

　　資訊量不足往往導致一個令人挫敗的現象：「不敢做決定」。

　　在Miya身上，不敢做決定的表現方式，便是想要買房，但遲遲無法下手去買。Miya很清楚這幾年自己想要房子的房價，也一直持續觀察著，卻忽略自己到底是拿「投資客」，還是「自住者」的眼光來看待房價。

　　後來，Miya成功買到喜歡的房子，坪數相同，但總價足足多了一百萬，再加上這五年來的房租，每個月1萬5千塊，一年光房租就要燒掉18萬薪水，五年就要燒掉90萬！這樣一來一往，整整多付出快兩百萬的錢，經過細細分析後，Miya到現在還十分心疼那兩百萬。

　　後來，Miya計劃將來退休，要搬到淡水居住。這一次，Miya不再有絲毫猶豫，看到不錯的房子，經過評估後，立刻下手購買，因為還沒要搬進淡水，便先把房子稍微裝潢一下，先租給附近的大學生，等到Miya退休時，新竹、淡水兩邊房子都「漲聲響起」，樂得Miya不再思思念念當初那兩百萬的損失。

　　對Miya來說，花兩百萬買個體悟，相當值得。現在，
Miya賣掉新竹的房子，在淡水買了一間華屋，天天享受舒
適的居住空間，沒事就出國玩個一個月再回台灣。

　　至於原先在淡水租學生的房子，就成為幫Miya下金雞
蛋的金雞母，源源不絕供應Miya每年出國的旅費。

「沒做」比「做錯」更令人後悔

> 20年後，讓你懊悔更多的是——
> 那些現在沒做的事，而不是做過的事。
>
> ——馬克吐溫

「花錢買經驗」這件事，光用想的，就足以讓人心生膽怯。

畢竟，錢是辛辛苦苦賺來的，說不定還賭上我們加班熬夜，燒肝、燒健康換來的，這樣一揮手錢就不見的事，實在不適合我們這些一般市井小民。

但是，從Miya的例子來看，我們會發現一件很弔詭的事情，那就是——什麼房子也不買，等到五年後再買房，反而讓Miya多付出了兩百萬的代價。

享受，為幸福之本

> 修德，致富，與享福，此三者可為老者之杖。
>
> ——韃米爾

財富，不是罪惡。

致富，是運用自己的「能力」，把可運用的「資源」慢慢集中到手中。

被譽為「文人企業家」的許文龍先生曾說過，「錢」除了滿足生活基本需求之外，再多，就是毒。

錢，其實沒那麼複雜。錢，就是錢，它是毒、是資源，還是一場及時雨，全憑用錢人的德性。

已經聽過太多類似的案例，原本家裡生意做得很不錯，賺進不少錢，卻因為染上賭博而敗光家產，甚至輸掉整樁生意，拱手讓給他人。

於是，謠言紛紛四起，也許是有人覬覦他手中掌握的生意，騙他踏進賭場，輸光家底後，連店面、經營權都一併輸掉；也許是他迷戀女色，夜夜進出酒家，把家財萬貫通通灑在歡場上。

致富，如果沒有足以相匹配的德性固守，財富化成泡影，只是遲早的事。

有了財富，也有好德行守住財富，不代表從此擁有完美人生，還有另外一個大重點：要懂得享福。

享福，說穿了，其實就是有「能力」跟「財力」，過自己想要的生活。例如：做自己愛做的事，跟自己喜歡的人在一起，重視的親人都過得還不錯，自己身體健康，獲得親人與朋友的尊重……等等。

享福就是不再需要為錢煩惱，日子過得寫意、輕鬆，懂得享受生活中的每一種幸福。

全世界最好的遺產

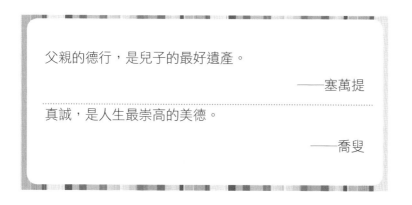

父親的德行，是兒子的最好遺產。

——塞萬提

真誠，是人生最崇高的美德。

——喬叟

「態度」，決定一個人的「高度」跟「深度」。

因為有「虛懷若谷」的態度，一生不斷學習，甚至規定
自己三年要弄懂一個新領域的知識，明明是公司老闆，還能
一手經營數千名員工的公司，同時放下身段，一手學習小提
琴跟國畫。

因為對人有「謙和」的態度，一輩子鮮少得罪過人，對
待大人物跟小人物一樣尊重有禮，為自己贏得好人緣跟好名
聲。

因為擁有「永不放棄」的態度，在事業跌到谷底時，沒有輕言放棄，反而不斷嘗試，不斷創造驚人財富，代表人物之一：美國房地產大亨川普。

擁有大筆遺產，可以盡情揮霍。
擁有正確態度，可以創造財富。
態度比遺產，對我們的人生幫助更大。
態度，要如何學習？

有形的遺產易得，只要繼承就可以，而無形的態度難得，**我們需要透過不斷「觀察」跟「學習」**，才有可能得到。

學習一個好的態度，不是坐在教室裡，乖乖在課本上劃線、背誦就可以得到，世界上最棒的學習，從來就不是從課本而來。

課本裡大多是知識的傳遞，主要功能是用來應付考試，例如：背誦西元幾年發生什麼大事，卻很少從前因後果中，去「分析、理解、判斷」為什麼在西元幾年會發生這件大事。

背誦西元幾年發生什麼大事，對我們的人生而言，其實沒什麼太大的幫助。

　　但是了解西元幾年「為什麼」發生這件大事，卻
對我們的邏輯思考，很有幫助，可惜的是，我們常常
背誦結論跟事件，卻很少深入了解一件事情發生時的
「製成因素」是什麼。

　　態度無法坐在教室裡學得，需要透過自身的觀察。從小
到大我們最先接觸到的人，便是父母。

　　在心理學裡，有一種學習，叫做「社會學習」，我們可
以透過對外在事物的觀察，例如：看見父母對員工溫和有
禮，以後孩子們也會注意自己對員工是否有禮貌；如果父母
對人粗魯，孩子們長大後也很可能對人無禮。

　　有其父，必有其子。

　　有形的遺產，終會有消耗殆盡的一日；無形的遺產，卻
可能讓孩子一輩子受用無窮。「身教」，永遠大於言教，而
身教的外在表現形式是行為，內在表現形式就是——態度。

　　而「態度」，來自於「德行」。

勤勞，
是打開好運寶箱的鑰匙

良機對於懶惰沒有用，但「勤勞」可以使最平常的機遇，變成良機。

——馬丁路德

哪怕是浪費一個鐘頭時間的人，都足以證明此人尚不懂得珍惜生命的所有價值。

——達爾文

　　朋友Edward，心中有個願望，想要成為一名愛情小說家。Edward下班後，每天大約八點左右回到家，稍微休息一下、吃個飯、看著電視節目，希哩呼嚕時間偷偷溜到晚上十一點多，洗個澡、上網跟朋友聊聊天，再回覆一下手機朋友發來的信息、工作傳來的信件，東摸西摸，看眼時間，居然已經晚上一點多。

隔天Edward必須一大早就去上班，於是決定關燈上床睡覺。

某天，Edward跟朋友聚餐，同桌上有一位出版社主編，對方的出版社剛好專出愛情小說，主編知道後，立刻向Edward詢問有無相關作品可以看看。

Edward不好意思地笑著，搖搖頭，表示成為愛情小說家，只是自己的夢想，目前只有一些斷斷續續的篇章，其實並沒有真正完成一部小說過。話題結束，聚會也結束，這件事就此落幕。

朋友Beatrice，她心中有個願望，想要成為一名愛情小說家。Beatrice下班後，每天大約八點左右回到家，稍微休息一下、吃飯配電視，看看最近電視劇流行什麼題材。

用完晚餐後，時間大約九點多，Beatrice洗完澡，坐在客廳稍微休息一下，手邊抓著一本書，開始靜心閱讀，慢慢培養書寫的情緒。

晚上十點多，Beatrice放下書本，來到電腦桌前，打開電腦，開始把腦中的故事，開始渾然忘我的一字、一字敲進電腦裡。

等Beatrice回過神時，往往已經晚上一點多。後來Beatrice自己算過，在這三小時裡，平均每天可以寫出兩千多字的稿量。以兩千字計算，一個月三十天，可以完成約六萬字左右的小說。隔天Beatrice必須一大早就去上班，於是決定關燈上床睡覺。

某天，Beatrice跟朋友聚餐，同桌上有一位出版社編輯，對方的出版社剛好專出愛情小說，編輯知道後，立刻向Beatrice詢問有無相關作品可以看看。

Beatrice馬上把自己的作品寄給編輯，編輯看完，請Beatrice修正幾個地方後，立刻上呈給主編。主編原想跟Edward聯絡一下，沒想到編輯敲門進來，把一疊稿子交給自己，看完Beatrice的小說後，主編抓起電話，撥打電話給Beatrice……

有人說，機會是「留給」已經做好準備的人。但其實機會有時候來得很隨機，並不會管對方是否已經準備好，也不會特別想要留給誰，而是**誰能夠「搶先抓住機會」，機會就屬於誰！**

我只是好奇心比較強罷了。

——愛因斯坦

學會羨慕自己

鳥兒願為一朵雲，雲兒願為一隻鳥。

——泰戈爾

愛咪是名許多人稱羨的空姐，常常飛往世界各國，地球已經被她繞了好幾十圈，從一開始的興致勃勃，到後來慢慢變得索然無味。

她總是羨慕朋友白驊，可以待在101大樓裡工作，日子過得安穩，又有自己的行銷專業，能夠不斷精進，創造出不少亮眼經歷。

白驊在許多人稱羨的101大樓裡工作，每天開會討論、執行，交出漂亮的成績單，每天快節奏的忙碌，曾經讓她覺得很有成就感，但經過幾年的磨練後，白驊慢慢變得有些彈

性疲乏。工作繁忙的白驊，總是羨慕朋友愛咪，能夠一天到
晚飛到世界各處，工作之餘順便遊玩，一舉兩得，而自己卻
老是被困在大樓裡動彈不得。

別人擁有的，永遠比自己所擁有的好一點。這是人
常有的一種心態。

得不到的，永遠是最好的？天底下永遠沒有「最好
的」，只有「不懂珍惜」的人。

我們的眼睛是往外看的，所以往往看見別人的好，
卻看不見自己所擁有的也不差，這大概就是所謂的
「身在福中不知福」。

不要老是活在「羨慕別人的視線」裡，而要活在「別人
羨慕我們的視線」裡，天底下最棒、最好的，不是別人
擁有的那一切，而是「我們擁有的這一切」，然後再
加上一顆「懂得珍惜的心」。

太多理所當然，是一種警訊

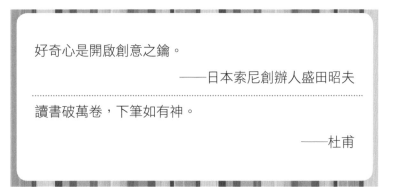

好奇心是開啟創意之鑰。

——日本索尼創辦人盛田昭夫

讀書破萬卷，下筆如有神。

——杜甫

許多創意的源頭，來自一雙好奇的眼睛。許多在該領域出類拔萃的人，也來自一顆充滿好奇的心，例如：主持界的佼佼者蔡康永，他對來賓源源不絕的提問，也是來自對來賓自然而然的好奇。

太多時候，我們因為忙碌的生活，漸漸硬化自己的心、自己的眼睛，全副注意力疲於應付生活裡應該做的事、必須做的事，而慢慢忽略生命中真正有趣的事、真正值得關注的事。

於是,我們變得漠然、麻木,對身邊周遭的一切不再有好奇心。孩子們的好奇心是最旺盛的,因為那些純粹的心,尚未經歷過生活的折磨與固化,所以問題不斷,所以最真,也最美。

理所當然,是「創意」的絆腳石。

天底下,沒有真正理所當然的事,只有逐漸僵化的感官知覺。面對孩子們常常一連串的提問「為什麼這樣」、「為什麼那樣」,有時候我們會感到耐心快要用盡、有點無奈。

但有時候卻會因孩子丟過來的一個問號,而驚詫不已,內心發出類似以下的疑問:「是啊,這件事為什麼會變成這樣?大家為什麼都要這樣做,難道沒有更好的方式嗎?」

好奇,是創意的源頭。

但創意是否能轉化為產品、概念、行銷策略,則取決於我們的行為、勇氣,以及對新東西的接受度。

諸葛亮的天才學

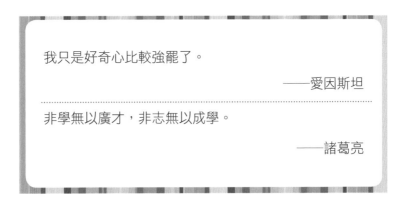

我只是好奇心比較強罷了。

——愛因斯坦

非學無以廣才，非志無以成學。

——諸葛亮

　　不管是在科學界、商業界、工作領域，還是企業界，甚至是平常的日常生活，如果能加入好奇心，我們的人生將會大大不同。

　　因為好奇地球運轉的原理，於是地球科學家們出現了。因為好奇金融機構到底是怎麼運作？於是有人選擇就讀相關科系，從此在鈔票的世界裡籌帷握。

　　因為好奇人大腦內的思考歷程，到底是怎麼運作的？於是認知心理學家們登台亮相。

因為好奇食物要怎麼做，才能方便又好吃？於是泡麵被研發出來，而且經過不斷的改良跟創新，成就不少企業的起步跟壯大。想要開創一番新事業，甚至是藍海事業，擁有一雙好奇的眼睛、一顆好奇的心，比什麼都重要！

觀察力跟好奇心，其實是一對好朋友。例如：我們坐在咖啡廳外，觀察人們的行為，發現大家似乎普遍有某種需求，於是心裡發出疑問：「每一位外帶咖啡的人走出來，總是嘶牙裂嘴捧著咖啡，是不是因為紙杯太燙了？如果太燙了，用什麼辦法，能最快又最有效解決這個問題？」

觀察力幫助我們觀察到「關鍵問題」，在商業行為裡，這就叫「發現商機」。緊接著，我們對這個問題，冒出更多解決問題的可能性，每一種可能性都是一個問號。好奇心帶領我們去找出最棒的解答！

科學家們懷抱好奇，對問題做出一連串的實驗設計，最後完成研究報告；企業家們苦思問題的本質，找出民眾需求，針對需求能夠相對應的商業產品，甚至造成熱賣，賺取高利潤。**好奇心**，不僅僅只是好奇心而已，**它是創業致富的重要地基**。

勇者，
都在「勇往直前」的道路上

> 不管任何時候我們都有兩種選擇：一個是勇往直前，
> 追求成長，另一個是向安全感屈服，退縮不前。
>
> ——心理學家馬斯洛
>
> 弱者在做決定之前都會猶豫，一旦決定勇往直前，才
> 會變成強者。
>
> ——奧地利作家克勞斯

　　在心理上，我們都想成為「每天進步一點」的人，雖不一定能因此活出波瀾壯闊的斑斕人生，但把自己的人生活出一點光可鑑人的燦爛火花，總還是有點可能的。

　　在心理上，我們都想成為「每天進步一點」的人，雖不一定能因此活出波瀾壯闊的斑斕人生，但把自己的人生活出一點光可鑑人的燦爛火花，總還是有點可能的。

在行為上，我們心裡雖不願意、卻總是向惰性屈服，窩
在溫暖的安逸圈裡，擁抱越來越微弱的火光，日子一天一天
就這麼周而復始過下去。沒有前進，就是退步。有時候朋友
們聚會，有人不斷追求「人生的下一個階段」。

例如：把人生當成一種3D現實版的闖關遊戲，大學畢
業就急著找工作；找到工作後，就急著找到一個願意點頭說
我願意的人，跟他一起結婚；結婚後又忙著生孩子，遇到阻
礙就開始遍尋秘方跟科技，尋求解決辦法。

生完孩子忙著拼升遷，把職場當古代官場或後宮，鬥個
不停；拼完升遷，孩子也大了，又開始忙著進行退休計劃跟
看塔位⋯⋯接下來？

接下來就與老伴攜手看夕陽或日出，提醒對方初一、
十五要吃素之外，還能一起回顧這一生，發出滄海一聲笑。
「啊，多麼庸庸碌碌的一生⋯⋯同時又是多麼扎扎實實的一
生⋯⋯」

有人則喜歡追求個人成長，實現心理學家馬斯洛「五大
需求」中的最高等級：「自我實現」。

什麼是「自我實現」？

例如：雷德莎修女一生的奉獻，這是她誠心想要做的事，而她也的確一輩子都在做這件事，雷德莎修女實現了的願望，這就是「自我實現」的一種方式。還有一種人，嘴裡說著跟多年前一樣的抱怨，對公司不滿、對女友不滿，卻又始終如一，令人相當困惑又不解。

　　改變，勢必帶來一些挑戰、一些混亂。但改變，也勢必帶來一些新氣象、一些新希望。

　　改變，有時候是「環境」逼迫我們，我們被迫做出選擇，有時候則來自於自己「內在的勇氣與智慧」，主動且積極做出「我想要更好」的選擇，而非永遠待在原地，止步不前。

我們就像胡桃，必須先被
粉碎才能被發現。

——紀伯倫

善用時間，脫離困境

我們沒必要為自己身陷困境覺得丟臉，而該為自己無法從困境中，開創美好人生感到丟臉。

——英國作家艾倫、狄波頓

普通人只想到如何度過時間，有才能的人設法利用時間。

——叔本華

許多古今中外事業有成的人，都並非出自富豪之家。例如：富豪李嘉誠。又例如：家喻戶曉、幾乎每個美國人都知道的電視主持人歐普拉。

以東方人常聽到的「類似同義名句」，大概就是：英雄不怕出身低。

　　不管出生時，便拿了一手爛牌，還是生意做到某個階
段，因為一個錯誤的決策，突然大崩盤，人生從此跌進深深
谷底。這些爛牌跟惡運，通常只是「過程」，並非我們一生
「最後的結論」。

　　不必因為出生貧窮，而感到丟臉。這不是我們的錯，這
也不是老天爺的錯，只是老天爺對我們比較殘忍，在我們初
來乍到降生於這個世界時，便設下圈套，把我們關在一個困
境裡。

　　**更不必因為失敗，而感到丟臉。會失敗，代表我們
曾經很用力的努力過，所以才會導致失敗。**

　　一個有過失敗的人生，絕對比一個一生平安順遂的人
生，來得更加璀璨耀眼！就像有刮痕的蘋果，吃起來卻比較
的甜的道理是一樣的。

　　出生貧窮、失敗都是困境的表現方式之一，**陷入困境
並不可怕，可怕的是無法從困境中站起來，創造美好
人生！**就像蓮花種植在污土裡，卻能出淤泥而不染，開出
自己的顏色、成為令人為之傾倒的美麗花朵。

「無人能與他爭鋒」的老子

> 夫唯不爭，故天下莫能與之爭。
>
> ——老子

古今中外，許多人都在讀孔子、老子，甚至還有不少外國人真心認為，現在社會的病態，說不定可以用他們精闢的思想來治癒。

什麼是偉大的作家？不管時間過去多少年，我們依然喜歡閱讀他的文章、詩、小說。例如：李白。又如：曹雪芹。

什麼是偉人？

絕不是他活著的時候有多有錢，也不是他活著時地位有多高，而是他的品行與才情，有多麼令人懾服。例如：蘇軾。又例如：孫中山。

夫唯不爭，故天下莫能與之爭。

以上這句文言文，大略可以翻譯成以下白話文。

一個人只要不去別和人爭長短、爭優劣、爭富窮，反而專注在「自我提升」這點上，普天之下，便沒有人能爭得過他。

從外在環境尋找對手，動不動就要與人一較長短、拼個高下，通常會導致兩種結果，一是傷人，二是傷到自己。

除此之外，與人相比還有一個更可怕的風險，如果失去可以相比較的對手，自己的人生就會失去往前的動力，甚至導致自我世界的崩盤，形成太過容易受外在環境影響的缺點。但是，「和自己相比」便完全不同。

和自己相比，一不傷人，二不會傷到自己，反正優劣都是自己個人內心運作，不會傷人，也不會傷到自己。

「和自己相比」重點不是「自己跟別人」，而是「自己跟時間」！

和別人相比，還有一項危機，當我們以為自己贏過對方時，很可能只是對方最近退步了，或者沒有成長，所以我們

贏了，並不代表我們一直都在進步中，但只和自己比，就會避開這層危機。我們的對手是自己，是客觀的時間，我們不斷追求比今天進步一點，一天一點，就算進步幅度不大，卻也是扎扎實實的進步。

積沙成塔，積少成多。

累積財富，可以用這條定律，累積自我深度與厚度，也可以用這條定律。

有些人把眼睛盯在全球富豪排行榜上，有些人把眼睛盯在業務成績上，看著名次上上下下，又下下上上，內心隨之起伏不定。**外在的名次，並不等於我們內心給自己的名次。**

曾經有句話，被很多人廣為討論，呈現出來的思考邏輯也頗為弔詭，這句話是「窮得只剩下錢」。這到底是富，還是窮？

有錢、沒錢、錢多、錢少。錢，說穿了，其實就是一個數字而已，而且人人對他的定義不同。有人欠債五萬還不出來，便殺人放火，以洩心中鬱悶之氣。

有人虧損五億瀕臨破產，卻不肯放棄，以不斷嘗試來力挽狂瀾，最後在如履薄冰的情況下，居然獲得空前大成功。

一邊是搭上人命的五萬塊錢，一邊是刺激人發揮終極潛能、奮發向上的五億，哪個數字大？人命大，還是發揮潛能大？

五萬，對某些人來說，比命還大。五億，對某些人來說，只是一層薄冰，只要小心點，還是有機會反敗為勝，創造新契機。

錢，只是一個數字。100萬對某些人說，是一個理想的存錢數字，對另外一些人來說，只不過是財產中的九牛一毛而已。

「窮得只剩下錢」，到底是富，還是窮？答案：是貧窮的有錢人。

因為我們都知道，真正的富有不是資產數字越高，就代表越富有，一個貪得無厭、欲望無窮、兩隻眼睛裡只有錢符號的人，是真正的窮人。

真正富有的人，除了「夠用的錢」以外，還必須擁有其他更棒的資產。例如：親人的愛、珍貴的朋友、一顆柔軟的心、承擔社會責任、健康、不斷學習、追求自我不斷成長、懂得欣賞藝術、享受美好生活的能力……等等。

一個有錢的人，不一定擁有快樂，也不一定是個富有的人。一個富有的人，卻一定擁有快樂，大部分也是個有錢的人。

 語言中的珍珠

富有的人有錢，不是來自他的奸詐、貪污、不擇手段、昧著良心做事，而是來自本身才華、豐富人脈，以及自身的不斷學習與進步！

Chapter 4
以為得到了，卻不知道 其實一直在超額付出

許多最棒的榮耀與成功，
都來自於無數失敗的累積。

不要複製人

走你的路吧！不必理會別人怎麼說。

——但丁

在賈柏斯最著名的演講中，也曾說過跟這句話意思很接近的話，這句話的出現不是偶然，而是不少成功人士的共同體會。

小時候，我們最常聽見身邊的人，說出以下的話。「好好用功讀書，將來捧個鐵飯碗的工作，日子就輕鬆了。」、「不要一天到晚做夢，想要當大明星，賺大錢。」、「腳踏實地比較實在，好好找一份工作，乖乖工作，然後結婚、生子，人的一生就是這樣。」

人生，也許真的是這樣，但「絕對不是只有這樣」！

　　富人李嘉誠曾經說過以下這段話。

　　每一次，當新的商機悄然來到時，都會造就一批新的富翁。這批新富翁之所以成為富翁，主要原因是：當別人還不明白的時侯，他已經明白自己正在做什麼；當別人不理解的時侯，他很清楚自己正在做什麼。

　　當別人明白時，他已經搶先一步成為富翁；當別人理解，回過神時，他已經站在成功的領土裡。

　　當一個新鮮事物出現的時侯，往往只有5％的人掌握住機會，知道要抓準時機趕快做，這就是懂得把握時機！

　　做得比別人早，就是搶得先機。

　　等到有50％的人知道這件事時，你只需做個消費者就行；當超過50％的人知道這件事時，你連看，都不用去看了。

　　不是每個人都有「慧眼」看出時代的新需求，就算看出來了，也不是每個人都有「勇氣」去做出行動。

　　在每一個新念頭冒出來時，大多數人的反應都是驚愕、覺得無法接受，如果那個人是自己身邊的人，通常最直接的

反應，不是思考這個新念頭可能帶來的新氣象，而是開始一個勁兒地勸那個人，不要冒險，反不著跟自己的人生過不去吧。

如果想要做個不平凡的人，活出自己，就不要聽平凡人的意見，因為那只會使自己跟別人越來越相似而已。

手裡緊握的，
往往不是最重要的

> 不要把生命看得太嚴肅，反正我們不會活著離開它。
>
> ——亨利・福特

　　在我們國小的時候，看著某張數學考卷上頭，用粗紅筆寫著大大的45分，心裡頭忍不住開始風雨飄搖，想到自己可能一輩子都學不會數學，就心慌頭暈。

　　國中的時候，考試成績排名常常落在全班後半段，我們就想，自己可能一輩子都要過著吊車尾的生活了。高中時，我們幻想如果沒考上好大學，自己這輩子就算玩完了。

　　大學時，跟初戀情人分手，我們覺得這一生再也不會遇到真愛，就要如此孤獨度過一生。

直到大學畢業進入職場工作後，我們才恍然發現到，國小那張只得到45分的數學考卷，根本一點也不重要；國中考試成績排名在全班後半段，那又怎樣？對出社會找工作根本影響不大；沒考上好大學，又算什麼？

許多大老闆根本高中都沒畢業，拿國中文憑的老闆發薪水給研究所畢業的情況比比皆是。

至於跟情人分手時要死要活的模樣，後來想想，其實有那麼一點「為賦新辭強說愁」的矯情，後來左右看看，大家都分手過，也都平平安安活了下來，又不斷結交新的情人，再分手，再戀愛。

事情發生的當下，我們都會過於主觀認定情況真的糟透了，對於我們寫過幾萬份考卷，其中一張45分的數學考卷，抱持「過於嚴肅」的態度。

說不定，國小時的我們，還曾經為了它悶了好幾天、好幾星期，甚至是一整個學期。

現在想想，似乎很沒那個必要。事實就是，的確真的沒那必要。很可惜的是，當時的我們並不知道，白白辜負了那好幾天、好幾星期，甚至是一整個學期的心情。但更不幸的是，說不定我們現在還在犯同樣的錯誤。

今天一早老闆罵了我們幾句，我們就悶了好幾天，下班後，還把壞情緒帶回家，讓家人們陪自己一起不開心。投資黃金失利，賠掉自己原本打算拿來辦結婚的錢，心痛錢之餘，還順便跟論及婚嫁的情人大吵一架，湊足壞事成雙，賠了夫人又折「金」。

不要把生命看得太嚴肅，反正我們不會活著離開它。

老闆要罵就罵，反正今天他是我們的老闆，明天他不一定還是我們的老闆，可能我們離開這份工作，也可能他的公司哪一天無預警就倒了。

投資黃金賠就賠了，當作花錢買經驗，也許日後我們運用這個經驗，賺回兩倍、三倍，甚至更多的金錢也說不定。

我們也許不會畫畫，無法在畫布上繪出令人驚嘆的作品，但我擁有自己的人生，自己的生命，只要還有一口氣，我們可以決定它將用什麼樣的方式、什麼樣的形式呈現！

這一輩子，我們可以為了生活所需，過得綁手綁腳，也可以稍微隨性一點，偶爾冒險一下，看看生命就竟會帶給我們什麼？

當然，也可以用「滄海一聲笑」的豁達態度，隨心所欲，用自己的直覺度過這一生。

　　珍惜生命，必須嚴肅。

　　活出生命，有時候放鬆一點、隨性一點，反而能夠使生命更加璀燦耀眼。

不要「撞包」，不要「撞人」

做你自己吧，別的角色都有人演了。

——王爾德

別人適用的成功方式，我們不一定適用。

我們喜歡「跟人比較」，藉此來知道自己究竟站在這個世界的哪個位置？喜歡「跟人比較」，往往透露出另外一項事實：我們不知道自己，究竟想要站在這個世界的哪個位置？

如果知道，我們不會花費那麼多時間在比較上，也不會有多餘的時間把眼睛放在別人身上，而是應該把全副注意力，通通放在我們鎖定好的目標上，拼盡全力、一心一意達到目標。

人類有一種慣性，喜歡向模範範本學習。小時候這個範本可能是父母，上學後可能轉換學習對象，變成師長或者是出風頭的同儕，出社會後，我們可能向老闆學習，或是業績漂亮的同事學習。

別人適用的成功方式，我們不一定適用。我們成功的方法，也不一定適合下一代，或者是另外一個人，也許客觀環境相同，但個人風格、品性、說話、態度都不相同，一樣的方法，在A身上成功，卻可能在B身上導致失敗。

與其一昧向某某某學習，不如好好靜下心來，捫心自問，到底什麼自己想要的？什麼才是自己想做的？自己做什麼事情時，就算沒有報酬，也會感到很開心？一昧向某某某學習，我們只是在強迫自己變成像某某某那樣，而不是做真正的自己。

「做自己」跟「仿效別人」，哪一個比較難？
答案：都很難。
但有一點很肯定的是——「做自己」，我們會比較快樂。

不做自己，沒有哪裡不一樣，但誠實做自己，我們就會很不一樣，而且比一般人更快樂！

友誼的基礎，在於兩個人的心腸和靈魂，有著最大的相似人。

——貝多芬

比起愛情，
友情果然文明多了

> 友誼的締結，是經過考慮與選擇，方能生長出來的。
>
> ——莫里哀
>
> 三人行，必有我師也。擇其善者而從之，其不善者而改之。
>
> ——孔子

友情，是心靈裡的交流，而非商場上的交易。

東方名言：道不同，不相為謀。

又有名言：近朱者赤，近墨者黑。

以上這二句話，都是在勸人要慎選朋友，結交朋友雖然「緣份」佔一部分成因，但友誼是否能夠得到生長，則全賴我們是否有心經營它。

在結交朋友的場合，而非商業聚會，明明一夥人同桌而坐，同吃一桌菜，桌上轉盤像俄羅斯輪盤一樣轉個不停，為

什麼我們只跟A投緣，聚在一起就能聊個不停，卻跟B幾乎無話可說，也提不起勁兒努力？

其實在聊天過程中，我們已經經歷許多考慮跟選擇。

考慮什麼？考慮我們是否跟對方處得來，一個滿嘴LV、香奈兒、愛馬仕的人，恐怕很難跟愛聊王羲之書法與富春山居圖的人，成為莫逆之交。

選擇什麼？一個對事業充滿野心的人，很難跟一心只想安穩平淡過日子的人，創造出慷慨激昂的對話，只要他們在席間不對衝起來，大家就該感謝上蒼了。

真正的友誼，不是建立在利益上，而是建立在「彼此關心」與「氣味相投」之上。

在友情的世界裡，外在條件是不重要的，只要大家心裡建設夠健康，沒有高攀或是玙尊降貴的想法，只要聊得來，人人都可以是彼此的好朋友。

友情，是心靈裡的交流，而非商場上的交易。

真友誼的必要條件

> 友誼的基礎，建立在兩個人的靈魂和心腸上，擁有最大相似的兩個人。
>
> ——貝多芬
>
> 勇敢做自己，大膽說出自身的感受，會介意我們這樣做的人，不值得我們理會，值得我們在意的人，不介意我們這麼做。
>
> ——孔子

什麼樣的條件，容易讓兩個人成為莫逆之交？西方音樂家貝多芬認為是擁有相近靈魂與心腸的人。那麼什麼是相近的靈魂與心腸？

在中國音樂史上，有俞伯牙與鐘子期「摔琴謝知音」的故事，有道是知音難尋，一個人的音律，能被另外一個人完全聽懂，那是一件多麼值得高興的事。

　　此生能遇得著，是福氣也是運氣，若遇不著，也不用喪氣，只是一般常態而已。

　　在中國愛情史上，也有因音律緊密結合數十年的親密伴侶，男的一方，職業是高高在上的皇帝，既然是做皇帝的，通常背後都有一座佳麗三千人的後宮，當作工作福利。

　　但女方就是有能耐得到皇帝專寵數十年，還使「六宮粉黛無顏色」，創造出「後宮佳麗三千人，三千寵愛於一身」的愛情神話。這對佳偶，就是楊貴妃與唐明皇。

　　友誼的基礎，建立在兩個人的靈魂和心腸上，擁有最大相似的兩個人。在愛情的世界裡，有何嘗不是呢？

　　不管是愛情，還是友情，相對兩無語，都是非常寂寞的。

　　有時候人一生所求，不過是夠用的錢、一兩位知己，和一位能說得上話的伴侶，如此而已。

古人交友不敗三準則

與惡友相交，不如獨處。

——蘇達爾曼

　　知音難尋，知己更難求。先撇開等級太高的知己不談，只是一般與人相交，也有許多眉眉角角需要注意，免得朋友沒交到，反而還得罪了不少人。

　　人的肚子裡彎彎曲曲，也有人說與人交往很累，不如跟動物相處來的輕鬆，寧願跟動物們親密互動，也不願與人交流，這些也許說的都沒錯，但如果因為人的心思多，便不與其互相往來，似乎有點因噎廢食。

　　朋友要結交，但絕不是越多越好。

古人交友三標準：友直、友諒、友多聞。

拜現代科技所賜，交友相當容易，不管對方是什麼國籍、說什麼語言、生活在哪一塊土地上，都可以透過網路，輕鬆與對方連上線交談溝通，好友名單可能破百，甚至破千。現代人很難真正獨處，只要連上網，就可以跟朋友聊到天亮也沒問題。

生活在科技發達的現代，我們不僅要避免結交惡友，還要有智慧懂得適時讓自己稍微沉澱下來，暫時從熱鬧喧騰的朋友圈中把自己拖出來，好好跟自己相處一下，聽聽自己內心的聲音。

獨處，不是孤單，也不是寂寞，而是靜下心來、跟自己好好相處。

習慣失敗時，成功及將到來

> 一直以來，我很清楚失敗是怎麼回事，已經不會因失敗
> 而感到懊惱。
>
> ——林肯

美國知名前總統——林肯，他人生的前半段，是一部令人嘖嘖稱奇的失敗史，不管做什麼事，幾乎都是以失敗收場，直到他選上美國總統，才徹底大翻身。

成功，使人榮耀。失敗，使人痛苦。

但失敗，不完全只有壞處，失敗能夠使人「快速成長」。

沒有失敗的人生，並不是完美的人生，背後可能代表自己從來沒有盡力過、沒有很徹底的努力過，所以巧妙避開失敗的風險。

失敗，並不可怕，真正可怕的是挺不過失敗所帶來的痛苦，喪失鬥志，無法從跌倒的地方再爬起來。

失敗，宛如戰士身上的傷痕，每一道傷痕都是曾經奮勇殺敵的證據，是勇氣的展現，是不怯懦的勳章。

許多最棒的榮耀與成功，都來自於無數失敗的累積。畫家在成名前，可能經過無數次的不被欣賞；藝人暴紅前，可能經過口袋裡只有不到一百元的生活困境；作家出書前，可能經歷過無數次的退稿，最後終於一鳴驚人！

「了解失敗」，是戰勝失敗的第一步。

一個能對失敗處之泰然的人，成功的桂冠常常就在他觸手可及的地方。

原創性始於精與誠

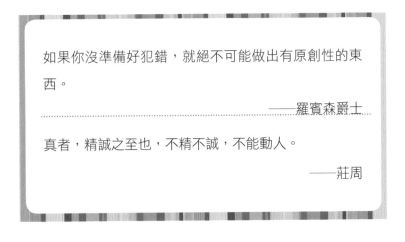

如果你沒準備好犯錯，就絕不可能做出有原創性的東西。

——羅賓森爵士

真者，精誠之至也，不精不誠，不能動人。

——莊周

很多人害怕失敗跟犯錯，一旦心裡抱存這樣的想法，就會使人不敢冒險、不敢勇於嘗試全新的東西。

「原創性」的東西，可貴之處在於：前無古人，開創出這樣東西的人，沒有前輩引路的光芒，也沒有一條康莊大道讓我們去走，一切都得從黑暗中摸索開始。

在黑暗中行走，多多少少一定會有些碰撞、跌倒、甚至因此受傷。

這是必經的過程，但絕不是結局。

其實不只是個人，許多公司、企業也因為害怕犯錯，而不敢大刀闊斧研發創新的產品，只敢在原有的產品上，做小幅度得更改與創意展現，所以成就自然不可能超越敢於創新的公司。

人生，其實也是如此。在商場上，從無到有，自己開創出來的東西，稱之為「原創性」；也許我們這輩子無法擁有一間研發新產品的公司，但無論如何，我們擁有自己的人生，這個人生正等著我們去開創。

不要因為自己的想法跟別人不同，就不敢去做；更不要因為大家都這樣做，就強逼自己也一定要去做。社會性的「常態」，對我們來說，有時候並不是我們最想要的「狀態」。

勇敢活出自己獨一無二的人生，也是一種原創性！

天底下沒有一種東西叫失敗

惰性常常和愚蠢在一起，消沉常常和失敗在一起，勤奮常常和智慧在一起，努力常常和成功在一起。

在客觀世界裡，其實並沒有失敗。失敗，往往僅存於失敗者的心中。

——居禮夫人

時間是我的財產，我的田畝是時間。

——歌德

　　有惰性的人，無法發現一萬種行不通的方法，因為他們懶得起身去嚐試各種可能。

　　意志消沉的人，發現一萬種行不通的方法後，就會被這一萬個失敗壓著，再也無法振作起來、再接再勵。

　　勤奮的人，發現一萬種行不通的方法時，他們有智慧知道，自己離成功很近了，至少已經近了一萬步，「發現一萬種行不通的方法」這件事，本身就是一種了不起的發現！

　　努力的人，發現一萬種行不通的方法後，絕不輕言放棄，反而將這一萬個失敗當作墊腳石，讓自己雙腳踩在上頭，伸出雙手，摘下成功！

　　天底下，沒有真正的失敗，只要能帶來「領悟」與「成長」的失敗，都不算是真正的失敗。所以居禮夫人說：「在客觀世界裡，其實並沒有失敗。」

　　與客觀世界相對的，就是主觀世界，而「主觀世界」就是人心裡的個人認知與感受。研發新產品失敗，或者開畫展卻賣不出一張畫，如果當事人覺得自己再也不可能研發新產品成功，或者不管再開幾次畫展，到多少地方開畫展都一樣，不會有人欣賞自己的作品，那麼他們的確徹底失敗了。

　　失敗的開始，不是研發新產品失敗的那一刻，也不是開畫展卻賣不出一張畫那一次，而是**失敗真正落進失敗者心中的那一秒起，才是真正的失敗。**

從容的客氣

勇氣是——儘管在壓力下，依舊維持優雅的態度。

——海明威

中國史上最有名的勇氣展現事蹟之一，文天祥的從容就義，絕對能榜上有名。

每一個人出生時，自己都會先哭上一哭。

每一個人死亡時，別人可能會哭上一哭。

生死荒涼，有人活了一輩子，總括「貪生怕死」四個字，就可以交代完畢；有人卻深知死有重於泰山、輕如鴻毛的道理，慷慨就義、為理念而戰。

在死亡的壓力下，一般人大多哭爹喊娘，或者嚇得尿褲子，與此相對照，文天祥從容就義的態度，絕對是優雅之最，勇氣的最佳展現。

一生中，我們可能需要面臨不只一次、令人喘不過氣的重大場面，在壓力下，不要讓自己表現出驚驚詫詫的模樣。勇氣之所以可貴，不在於大無畏，而是在於我們心中明明很害怕，卻依然能克服壓力跟害怕，優雅成事。

越是緊張，越是感到壓力逼境，越需要好好深吸口氣，想想文天祥勇赴刑場的從容氣度，再看看自己眼前的難題，拿出勇氣，以最從容的舉止、最優雅的態度，去驚豔全場吧！

每件事都有它的意義

生命成長的重要關鍵，並不在於樂觀本身，而是通常
樂觀的人，很會找出事件中的意義。

——強納森、海德特

生活就是當你正忙著進行其他計畫時，那些突然發生
在身上的事。

——叔本華

　　人生有高潮，就有低潮。一生當中最棒的狀態，不是擁
有比較少的低潮與失敗，而是當我們遇到低潮與失敗時，能
夠「多快站起來」，繼續不斷嘗試、奮鬥，然後再次獲得成
功！

　　陷入低潮與失敗時，很容易灰心喪志，總覺得明天的太
陽再也不會升上來，人生就此正式踏入一敗塗地之中，所謂
的「東山再起」只不過是一句慷慨激昂的口號罷了，一點實
質上的意義也沒有。

　　我們都知道要樂觀，但是當惡運來襲時，我們實在很難樂觀，因為當下的情況真的很慘烈。

　　所謂「塞翁失馬，焉知非福」，那是聖人的境界，事實就是——當親人出車禍時，我們真的很難去想，也許出車禍這件事本身有它的意義，比較堅強或懂得安慰的人，也許會飄來一句「大難不死，必有後福」。

　　但真正的情況是，當病癒出院時，後福始終只聞樓梯響，並沒有真正到來。

　　什麼是「樂觀的人很會找出事件中的意義」？曾拿過金曲新人獎的歌手盧廣仲，是淡江大學的學生，卻因為出了車禍，待在醫院養病太無聊，於是開始哼哼唱唱，結果就哼出自己人生璀璨的一頁：拿下金曲新人獎的大獎。

　　有位平常忙於工作的朋友，出了車禍，他也不惱、不怨、不哀聲嘆息，反而把病房當度假小屋，總覺這大概是老天爺強迫他休假的一種方式。「老天爺強迫他休假的一種方式」，這就是從負面事件中，找出意義的例子之一。

　　後來，這位朋友在病床上，把年輕時一心嚮往的巴黎之行，透過網路跟旅遊書介紹，先徹徹底底玩過幾輪，等到出院後沒多久，立刻一口氣休光所有年假，扎扎實實到巴黎旅行兩個禮拜。

現在朋友常說，車禍雖帶給他一些身體上的傷害，卻治癒他工作成癮、以為公司沒他會垮的謬誤思想……等等毛病，讓他重新領悟到人生除了工作之外，還有許多可以追求、卻被他一直忽略掉的東西！

　　特別是，當完成自己年輕時夢想那種成就感，絕對無法從工作中獲得。

　　生命裡的每一個「**負面事件發生**」，其實不只是帶來傷害，往往還會帶來「學習」跟「成長」的機會，端看我們是否有緊緊抓住這個機會，好好自我學習、自我省思。

2014.2015
世界華人八大明師
& 五大創業家論壇

創意·創業·創新·創富

成功者只是更快速找到創業創富的密碼，
如果你有機會知道他們怎麼思考，
做對了哪些事，你當然要把握這唯一的機會！

New
Knowledge
Wealth
Success
Attitude
Skill

超值席位
火熱報名中！

　　一個觀念，可改變一個人的命運，一個點子，可創造一家企業前景。為了提昇企業經營的創新與創意層面，透過產品創新與創意培訓的發想，配合創意行銷模式的導入，以達成經營績效的提升。我們將邀請兩岸的頂尖創業家齊聚一堂，暢談其成功之鑰，給台灣的朋友們注入更多的啟發和信心，以增進國人軟實力。

報名請上網址：www.silkbook.com 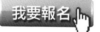 我要報名

財經雲 18

這樣講你一定會富有的100句話

出 版 者／雲國際出版社

作　　者／典馥眉

繪　　者／金城妹子

總 編 輯／張朝雄

封面設計／艾葳

排版美編／YangChwen

內文校對／李韻如

出版年度／2014年8月

郵撥帳號／50017206 采舍國際有限公司
（郵撥購買，請另付一成郵資）
台灣出版中心
地址／新北市中和區中山路2段366巷10號10樓
北京出版中心
地址／北京市大興區棗園北首邑上城40號樓2單
　　　元709室
電話／（02）2248-7896
傳真／（02）2248-7758

全球華文市場總代理／采舍國際
地址／新北市中和區中山路2段366巷10號3樓
電話／（02）8245-8786
傳真／（02）8245-8718

全系列書系特約展示／新絲路網路書店
地址／新北市中和區中山路2段366巷10號10
電話／（02）8245-9896
網址／www.silkbook.com

這樣講一定會富有的100句話/典馥眉 著. -- 初版. -- 新北市：雲國際, 2014.08　　面；　公分	ISBN 978-986-271-455-3（平裝）1. 格言192.8　　　　　　　　　102025570